2030 카이스트 미래경고

2030 카이스트 미래경고

1판 1쇄 발행 2020. 3. 12.
1판 2쇄 발행 2020. 5. 11.

지은이 KAIST 문술미래전략대학원·미래전략연구센터

발행인 고세규
편집 권정민 디자인 유상현 마케팅 백선미 홍보 김소영
발행처 김영사
등록 1979년 5월 17일 (제406-2003-036호)
주소 경기도 파주시 문발로 197(문발동) 우편번호 10881
전화 마케팅부 031)955-3100, 편집부 031)955-3200 | 팩스 031)955-3111

값은 뒤표지에 있습니다. ISBN 978-89-349-0022-1 03320

홈페이지 www.gimmyoung.com 블로그 blog.naver.com/gybook
페이스북 facebook.com/gybooks 이메일 bestbook@gimmyoung.com

좋은 독자가 좋은 책을 만듭니다.
김영사는 독자 여러분의 의견에 항상 귀 기울이고 있습니다.

이 도서의 국립중앙도서관 출판시도서목록(CIP)은 서지정보유통지원시스템 홈페이지
(http://seoji.nl.go.kr)와 국가자료공동목록시스템(http://www.nl.go.kr/kolisnet)에서
이용하실 수 있습니다.(CIP제어번호 : CIP2020008339)

10년 후 한국은 무엇으로 먹고살 것인가

2030 카이스트 미래경고

KAIST 문술미래전략대학원
미래전략연구센터

KAIST
FUTURE
WARNING

김영사

시대의 흐름을
읽어내는 힘

세상은 언제나 거침없이 변해왔습니다. 성공과 실패의 역사가 반복되었고, 인류도 발전을 지속해왔습니다. 돌아보면 대한민국은 빠른 경제 성장을 일궈낸 기적의 주인공이었습니다. 그러나 지금 대한민국은 새로운 시대 질서를 요구하는 전방위적 변화에 직면해 있습니다. 추격자 전략에서 벗어나 글로벌 선도자 전략으로 나아가야 하지만 갈 길을 잃고 방황하는 모습입니다.

우리 경제 환경은 안팎으로 녹록지 않습니다. 전 세계적인 경기 하강 추세뿐 아니라 미중 패권 다툼과 갈등의 한일관계 등 지정학적 리스크까지 겹치면서 수출 중심의 우리 경제는 적잖은 타격을 입을 수밖에 없는 상황입니다. 국내적으로도 다양한 경제지표들이 위기를 경고하고 있습니다. 주력 산업과 혁신 산업, 일자리, 사회안전망과 복지, 그 어느 하나도 장밋빛 미래를 담보하지 못하고 있습니다. 2008년 글로벌 금융위기 이후, 저성장 국면의 뉴 노멀 시대가 새로운 법칙을 모색하는 가운데 사회 전반에서 오랜 질서와 관행의 올드 노멀을 깨려는 시도들이 이어지면서 다층적 사회 갈등도 불거지고 있습니다. 그야말로 사면초가 상태입니다.

그러나 다시 돌아보면 우리가 기적처럼 달려온 과거에도 위기는 늘 있었습니다. 더군다나 우리 경제의 잠재 성장률이 꺾인 것이 어제오늘의 이야기도 아닙니다. 중요한 것은 이 과정에서 우리가 미래에 대한 희망을 잃고 서로에 대한 신뢰를 잃어가고 있다는 사실입니다. 따라서 지금 필요한 것은 절박함을 호소하거나 낙담을 반복하는 일이 아니라 희망을 길어 올리는 일입니다. 공허하게 변화와 혁신을 주문하는 일이 아니라 우리 경제의 역동성을 살려낼 구체적인 해법을 제시하는 일입니다. 위기를 극복하려면 문제 상황을 직시하는 냉철함과 시대를 꿰뚫는 통찰력이 필요합니다. 또 불확실한 도전에 나설 수 있는 용기와 담대함도 필요합니다.

이 책은 바로 이러한 위기의식에 공감한 전문가 50여 명이 머리를 맞대고 고민한 결과물입니다. 다양한 미래의 모습을 상상하고 토론하면서 모색한 대한민국의 미래 산업 발전 전략과 그 제언이 담겨 있습니다. 무엇보다 해법을 마련하기 위해서는 냉정한 자기비판이 우선되어야 한다는 생각으로 우리가 처한 현황과 문제를 분석하는 데서 출발하고 있습니다. 미래 시나리오를 상정한 뒤 역방향으로 해법을 찾아간 시도도 돋보입니다. 또 미래로부터 들려오는 경고음에 귀 기울이며 대한민국의 몰락을 최악의 시나리오로 가정한 부분은 경각심을 더욱 일깨워줍니다. 특히 몰락을 가져올 수 있는 주요 원인으로 '사회적 합의 부재'를 꼽은 점도 주목할 만합니다. 이에 이번 연구에 참여한 전문가들은 새로운 시대에 필요한, 사회구성원 모두가 합의할 수 있는 새로운 규칙을 찾는 데도 노력을 기울였다고 합니다. 새로운 경제·산업 패러다임의 핵심 요소로 혁신과 포용이 중요하지만, 이를 뒷받침하는 사회적 인프라로서 '공동선common good'과 '공동부common wealth'를 확보해야 한다고 강조하는 이유입니다.

공동선은 사회구성원 모두가 주인이 되는 민주주의의 정치적 기본 자원이고, 공동부는 공동체 모두의 이익을 고려하는 경제적 기본 자원입니다. 이 책이 제언하는 것처럼, 우리의 산업과 경제를 미래 사회에 맞도록 성공적으로 전환하는 데 필요한 것은 특정 이념이나 이분법적 주장에 휘말려 소모적 논란을 거듭하는 것이 아니라, 사회구성원 모두가 동의하는 새로운 규범과 질서를 찾아 합의하고 약속하는 일일 것입니다.

물론 내일의 일도 예측하기 벅찰 만큼 오늘날의 변화는 가파릅니다. 미래에 대한 불확실성도 더 커지고 있습니다. 그래도 변함없는 것이 있습니다. 성공 전략의 으뜸은 시대의 흐름을 읽어내는 힘이라는 사실입니다. 미래를 한발 앞서 준비하는 이들에게는 분명히 더 많은 기회가 주어질 것입니다. 이런 상황에서 이 책이 모쪼록 미래 산업과 경제 정책의 성공을 위한 마중물 역할을 해내길 기대합니다.

신성철
KAIST 총장

포스트 코로나 시대의 대한민국
: 위기를 기회로

10년 후 한국은 무엇으로 먹고살 것인가?

아흔이 넘은 노장의 벤처 사업가는 젊은이 못잖게 혈기왕성했고, 대
한민국의 미래를 걱정하는 심정은 누구보다 뜨거웠다. 2019년 1월
미국에서 재미 벤처 사업가 이종문 회장을 만났을 때다. 현재 실리
콘밸리에서 암벡스 벤처 그룹Ambex Venture Group을 이끌고 있는 이
회장은 과거 컴퓨터 그래픽 카드를 생산하는 다이아몬드 멀티미디
어 시스템DMS 회사를 창립하고 나스닥에 상장하는 등 벤처 신화를
써내려간 전설적인 한국인이다. 실패를 딛고 일어선 그는 한국의 젊
은이들에게 절대 포기하지 말라는 기업가정신을 강조해왔고, 재정
적 지원도 이어왔다.

　그는 1995년 1,600만 달러의 거액을 샌프란시스코 아시아미술관
에 기부하는 등 부를 사회에 환원하는 데도 앞장서온 기부왕이기도

하다. 미술관에 붙어 있는 '이종문 아시아 예술문화센터 Chong-Moon Lee Center for Asian Art and Culture'라는 이름이 유난히 한국인 관광객들의 어깨를 으쓱하게 해준다. 그런 그가 한국의 산업에 대해 개탄을 할 때는 절절한 안타까움이 느껴졌다.

"눈을 부릅뜨고 멀리 보며 걱정을 해도 될까 말까인데, 한가하게 집안에서 밥그릇 싸움만 할 때인가? 그 많던 경제학자, 산업전문가, 과학기술자들은 다 어디로 갔단 말인가?"

노老 애국자의 통탄이 계속되자 필자는 가만있을 수 없었다.

"회장님, 저희들이 한번 해보겠습니다. 전문가들을 모아서 한국 산업을 획기적으로 바꿔갈 방안을 고민하겠습니다."

한국에 돌아온 필자는 곧바로 주위 분들과 협의를 시작했다. 노 애국자의 호소를 전해들은 여러 전문가들이 뜻을 더해갔다. 그들은 한국 산업과 경제가 길을 잃었다는 점에 대체로 동의했다. 그러나 한국 사회와 산업을 진단하고 처방하는 일은 쉽지 않았다. 매우 복합적인 현상이기 때문에 한두 사람의 전문성만으로는 해법을 찾을 수 없었다. 다양한 분야의 전문가들이 모여 전체 시스템을 조망하고, 거기서 문제를 찾고 해결책을 도출해야 한다고 생각했다.

2019년 2월 초부터 20인의 기획·편집위원회를 구성해 토론을 시작했다. 한국 산업의 문제점을 진단하고 해결책을 담은 보고서의 전체적인 방향을 잡았다. 보고서의 목차와 각 장과 절에 들어갈 키워드가 여기서 정해졌다. 집단지성을 발휘해 보고서의 청사진을 완성한 것이다. 그 다음에는 이 키워드들을 연결할 필자를 선정했다.

초고를 작성한 13인의 필진에게는 7월부터 2개월의 시간이 주어졌다. 그리고 33인의 검토자들은 9월부터 2개월 동안 원고를 수정하고 보완해주었다. 시작부터 진행과 간사 역할을 해온 허태욱 교수님과 최윤정 교수님은 내용을 전체적으로 통일성 있게 조율하는 일을 해주었다.

3대 시스템: 전환, 혁신, 합의

1부 '앞으로 10년 미래 시나리오'에서는 다양한 대안 미래를 상상하고 토론하는 미래 예측 방법 '미래 시나리오'에 초점을 맞추어, 우리 사회의 미래와 산업 발전 전략을 모색하고 다양한 제언을 했다. 다양한 전문가들의 인터뷰 데이터 분석에 기초해, 몰락을 가속화할 수 있는 주된 원인으로 '사회적 합의 부재'를 제시했다. 대외적으로는 중국의 부상과 북핵 위협, 대내적으로는 사회 갈등 심화와 답보 상태의 국가 조정 역량으로 위기가 다가오고 있음을 지적했다.

2부 '혁신을 떠받치는 3대 사회 시스템'에서는 사회이동성을 담보할 수 있는 제도 개혁과 지정학적 구조적 공백structural holes 메우기를 제시하고, 이러한 변화를 뒷받침하는 3대 사회 시스템을 강조했다. 현재 당면한 어려움과 구조적인 문제점을 바꾸어 새로운 기회로 삼자는 전환 시스템, 사회와 과학기술 분야에서 자연스럽게 일어나는 혁신 시스템, 사회·문화적 갈등을 해소하고 나아갈 수 있게 해주는 합의 시스템이 그것이다.

3부 '대한민국 산업의 과제 및 전략'에서는 '스마트 트랜스폼'과

'미충족 욕망의 사업화' 전개를 통한 신산업으로의 전략적 전환을 모색했다. 이는 미래에 위기와 몰락으로 내몰릴 수밖에 없는 상황에서 선택된 전략이라고 할 수 있다. 특히 새로운 경제·산업 패러다임의 핵심 요소로 혁신, 포용(공정), 공유가 중요하지만, 이를 뒷받침하는 심층 인프라가 부재하거나 약한 것이 현재의 구조적인 한계임을 강조했다.

코로나19 위기를 기회로 전환

4부 '미래 세대를 위한 혁신 사회적 자본'에서는 한국의 구조적 한계를 극복하기 위한 사회적 인프라로서 공동선과 공동부를 궁극적으로 확보해야 한다는 것에 초점을 맞췄다. 공동선과 공동부는 정치와 경제에서 사회적 인프라가 안정적으로 작동하고 그 결과 새로운 경제 패러다임을 만들어갈 수 있게 하는 근본적인 동력이 된다.

우리의 핵심 과제인 미래 산업으로의 성공적 이행을 위해서는 특정 주의와 정치적 입장에 따른 이분법적 논의와 주장에 휘말려 소모적 논란만 거듭해서는 안 된다. 우리 모두 동의하는 공동선과 공동부를 설정하고, 이 방향에 맞는 의사결정을 해야 한다.

그러기 위해서는 혁신과 전환의 목적과 수단을 구별하고, 개인과 공동체가 추구하는 가치를 조화시키고 이를 지속적으로 관리해나가는 지혜와 결단이 필요하다. 코로나까지 덮친 위기는 큰 고통과 변화를 가져오고 있다. 위기는 위기로 인식하는 순간 더 이상 위기가 아니다. 그 순간 위기는 기회가 된다. 이 말이 오늘날 우리에게도 적용될 것이라 믿는다. 한국의 코로나19 대응에 대해 전 세계의 찬사가 이어지고 있다. 초기에는 다소 혼선이 있었지만, 정부와 전문가 그룹의 신속한 대응과 국민들의 협조가 이어졌다. 우리 국민은 위기 극복의 DNA를 타고난 것 같다. 'N포 세대'니 '헬조선'이니 자학하던 사람들이 "한국인이라서 자랑스럽다"는 말을 하고 있다. 국민적인 합의를 통해 위기를 기회로 전환하는 데 성공하고 있는 것이다. 2019년 일본의 무역 보복은 결국 우리의 소재·부품 산업을 강하게 만들어주었다. "땡큐! 아베"라는 말이 절로 나온다. 또다시 오늘의 이 위기를 지혜롭게 극복하고 혁신의 전환을 이루어낸다면, 5년 후에 우리는 "땡큐! 코로나"라고 외칠 수 있을 것이다.

연구책임자 이광형
KAIST 문술미래전략대학원 교수

기획·편집위원

이광형(KAIST 교수, 위원장, 연구책임자), 곽재원(가천대 교수), 권율(대외경제정책연구원 선임연구위원), 김경준(前 딜로이트컨설팅 부회장), 김도훈(아르스프락시아 대표), 김상배(서울대 교수), 김상윤(포스코경영연구원 수석연구원), 김애선(KCERN 책임연구원), 김준엽(경희대 교수), 양승훈(경남대 교수), 유영성(경기연구원 선임연구위원), 이관후(경남연구원 연구위원), 이민화(前 KCERN 이사장), 임현(한국과학기술기획평가원 선임연구위원), 장석인(한국산업기술대학교 교수), 정재승(KAIST 교수), 주강진(KCERN 수석연구원), 최윤정(KAIST 연구교수), 허태욱(KAIST 연구교수), 홍순형(KAIST 교수)

초고 집필진

곽재원(가천대 교수), 김경준(前 딜로이트컨설팅 부회장), 김도훈(아르스프락시아 대표), 김애선(KCERN 책임연구원), 김준엽(경희대 교수), 양승훈(경남대 교수), 유영성(경기연구원 선임연구위원), 이관후(경남연구원 연구위원), 이민화(前 KCERN 이사장), 임현(한국과학기술기획평가원 선임연구위원), 장석인(한국산업기술대학교 교수), 주강진(KCERN 수석연구원), 허태욱(KAIST 연구교수)

원고 수정검토진

곽노성(한양대 특임교수), 곽재원(가천대 교수), 김건우(카카오모빌리티 디지털경제연구소 데이터이코노미스트), 김경준(前 딜로이트컨설팅 부회장), 김도훈(아르스프락시아대표), 김묵한(서울연구원선임연구위원), 김미경(상명대교수), 김상배(서울대 교수), 김애선(KCERN 책임연구원), 김원준(KAIST 교수), 김준엽(경희대 교수), 라도삼(서울연구원 선임연구위원), 박성필(KAIST 교수), 박형준(성균관대 교수), 서용석(KAIST 교수), 손승우(중앙대 교수), 안상진(한국과학기술기획평가원 연구위원), 양승훈(경남대 교수), 유영성(경기연구원선임연구위원), 이관후(경남연구원연구위원), 이광형(KAIST 교수), 이민화(前KCERN 이사장), 이상윤(KAIST 교수), 이영범(국무조정실 규제심사관리관), 이재호(한국행정연구원 연구위원), 임현(한국과학기술기획평가원 선임연구위원), 장석인(한국산업기술대학교교수), 주강진(KCERN 수석연구원), 최윤정(KAIST연구교수), 허태욱(KAIST연구교수), 황철주(주성엔지니어링회장)

자문단

김인송(미국 MIT 정치학과 교수), 이용석(미국 스탠퍼드대 아시아퍼시픽연구센터 부국장)

4차 산업혁명 시대 신뢰의 진화를 위한

공동선과 공동부

앞으로 10년: 사회 시스템의 재설계와 자본주의 개혁

21세기 들어 세 번째 맞는 10년……. 격변의 세계에서 향후 10년 동안 무슨 일이 일어날지, 세계가 어떻게 변화할지 예측하는 일은 매우 어렵다. 불확실한 미래를 정확하게 알아맞히는 예측력이란 존재하지 않기 때문이다.

이 책은 2020년을 기점으로 10년 뒤의 세계와 대한민국의 상황을 성장이냐 쇠락이냐의 두 가지 미래완료형으로 설정하고, 어떻게 하면 쇠락의 길로 빠지지 않고 지속적으로 성장할 것인지 그 방도를 찾는 전략 보고서이다.

미래 예측 전문가들은 2016년을 크게 주목한다. 2016년은 사전 예측에 반하는 사건들이 집중적으로 일어난 격동의 해였다. 미국에서는 트럼프 정권이 탄생하고, 영국에서는 유럽연합EU, European

Union 이탈의 가부를 묻는 국민투표에서 이탈파가 과반수를 차지했다. 매스컴과 싱크탱크가 여론조사 등의 데이터를 기초로 결과를 예측했으나 대다수가 빗나갔다. 그러나 이보다 더욱 중요한 이슈들도 이 해에 발생했다.

2016년 1월 스위스에서 열린 세계경제포럼World Economic Forum, 이른바 '다보스 포럼'에서 선언된 '4차 산업혁명 시대의 도래'는 디지털 혁명이 몰고 올 엄청난 세상의 변화를 예견한 것이었다. 21세기는 디지털 네트워크로 연결된 사물과 사물, 기계와 기계가 '회화'하는 시대이다.

'사물인터넷IoT' 혹은 '인더스트리얼 인터넷'이라 불리는 새로운 현상은 기존 제품과 서비스, 비즈니스 모델, 가치사슬 등을 창조적으로 파괴하고, 경쟁 지도를 바꾸며, 산업 시스템을 글로벌하게 재구축한다. 이처럼 첨단 정보통신 기술이 경제와 사회 전반에 융합되어 혁신적인 변화가 나타나는 것을 '4차 산업혁명' 혹은 '인더스트리 4.0'이라고 한다.

그러나 18세기 산업혁명이 기술 혁신과 공업화뿐만 아니라 사회 구조에도 변화를 일으킨 것과 같이(일의 분업화, 생산과 소비의 분리, 노동자 계급과 자본가의 대두, 도시화, 가족 형태의 변화 등) 21세기 산업혁명의 영향도 비즈니스에만 국한된 것은 아니다.

국내외 여러 회의에서 지적했듯이 3D 프린터로 대표되는 디지털 패브리케이션digital fabrication과 크라우드 펀딩, 크라우드 소싱에 의해 공급자에서 소비자로 '파워 시프트power shift(힘의 이동)'가 진행되고 있다. 그것은 사회 혁신, 환경과의 공생, 기업의 '지구 시민화'를 더욱 촉진시켜 사회 시스템의 재설계와 자본주의의 개혁을 앞당길 것이다.

산업인과 경제인의 관점으로만 봐서는 지금 일어나고 있는 21세기 산업혁명을 제대로 파악하기 어렵다. 현상으로부터 연역적으로 예측하거나 상징적인 사건 위주로 판단하는 것도 마찬가지이다. 2016년의 한 사건을 주목해보자. 이세돌과 알파고가 바둑 대결을 펼쳤다. 이 대국은 전 세계에서 AI 붐을 일으켰다. 2차 세계대전 이후 몇 번의 기술적 붐이 있었지만 이번에는 디지털 혁명의 효과로 그 열기가 일시에 세계로 번졌다. 이때 세계 유수의 IT 기업과 국가는 같은 출발선에 섰다. 구글이 인수한 영국계 스타트업 딥마인드는 연구 인력이 20명 정도에 불과했다. 중국의 산업 정책인 '중국 제조 2025'에 AI가 담긴 것도 이때부터이다. 한국에서도 수백억 원의 민간투자로 AI 연구소가 설립됐다.

3년 후 AI 경쟁 구도는 완전히 달라졌다. 미국과 중국이 선두 그룹을 형성하고, 일본 그리고 독일 등 유럽세가 그 뒤를 따르며, 한국은 한참 떨어진 3위 그룹에 머물고 있는 양상이다. 이제는 4차 산업혁명이란 말은 수그러들고 오로지 AI만 회자되는 추세이다. 4차 산업혁명의 모든 기술이 집약된 것이 AI라는 것이다. 다시 말해 AI는 4차 산업혁명의 총화總和라고 할 수 있다. 이제 AI 경쟁력은 기업·산업·국가경쟁력의 지표로 간주된다. 미국과 중국이 기를 쓰는 이유가 바로 여기에 있다. 경제와 안보가 융합된 치열한 기술 패권 전쟁이 연일 뉴스로 전해진다. 월스트리트의 주식시장에서부터 유엔 기후변화회의, G20 회의에 이르기까지 AI의 영역은 급격히 확대되고 있다.

미국 실리콘밸리에서 시작된 AI의 열기는 중국의 중관춘中關村과 선전深川 등 세계의 테크노밸리를 휩쓸고 있다. 미국 뉴욕 주립대학교 응용과학대학장 제임스 몰릭은 "AI가 메인스트림(주류)이 되고 있다"고 강조했다. AI는 스마트시티, 자율주행차, 에너지·환경 관리, 헬스케어 등 우리의 라이프스타일과 사회, 경제, 고용에 엄청난 영향을 미치고 있다. 'AI 주류론'은 이런 실제 상황에서 비롯된 것이다. 최근 2~3년 사이에 벌어진 대격변이다.

정보통신 기술은 지난 25년간 2세대 이동통신 시스템(2G)에서 5세대(5G)로 비약적 발전을 했다. 초고속, 초저지연, 다수 동시 접속을 특징으로 하는 5G가 향후 10년 사이에 어떻게 진화할지 예측하기 어렵다. 5G 서비스가 이제 겨우 나오고 있는데 벌써 6세대(6G) 개발 경쟁이 시작됐다. 두 시간짜리 영화를 3초에 다운로드하고, 집안에 있는 약 100개의 단말과 센서가 네트워크에 접속되어 있는 모습도 6G~7G시대가 되면 더욱더 달라질 것이다.

AI 분야에서는 2020년부터 언어의 장벽이 소멸하기 시작해 인체와 컴퓨터가 융합되고, 로봇이 활발히 사회에 진출할 전망이다. 2040~2050년의 싱귤래리티 Singularity(기계가 인간의 능력을 넘어서는 기술적 특이점)를 향해 AI 기술과 보급이 급진전할 것이다.

정보통신 기술을 바탕으로 한 디지털 혁명의 물결 위에 또 하나의 거대한 파도가 몰려오고 있다. 미국과 중국을 필두로 한 기술 패권 경쟁과 무역 마찰도 장기간에 걸쳐 헤쳐 나가야 할 과제이다. 4차 산업혁명에서의 경쟁력을 갖추려고 발돋움하는 우리는 성장과 쇠락의 분기점에 서 있다.

세계 유수의 싱크탱크들은 2030년을 대비한 정책 테마를 쏟아내고 있다. 그중 경제 분야는 ①세계 금융위기 대응의 평가, ②산업 입지와 인구 이동에 관한 실증 분석, ③성장 산업의 요인 분석, ④AI와 고용에 관한 분석, ⑤인적 자본 축적에 관한 분석 등이 주요 논점이다.

싱크탱크들은 향후 국가나 기업 성장의 열쇠는 인재, 시장, 투자 등 사회의 개방도를 향상시키는 것이라고 공통적으로 지적한다. 세계의 우수 인재를 받아들이기 위해서는 기업의 문화를 먼저 바꿔야한다. 세계가 지향하는 가치로서 다양성 존중, 기회의 균등, 실력주의에 바탕한 변혁이 필요하다. 그뿐만 아니라 단순히 시장 개방을 넘어 깊은 상호관계deep integration 구축이 시급하다는 지적도 있다. 이는 기업 거버넌스와 노동시장 등에서 국제적으로 평가될 수 있는 제도를 구축하는 게 중요함을 말해준다. 현재 한국에의 직접 투자가 감소하는 이유가 투자 장벽이 높고 전문 기술 및 관리자 수가 부족하기 때문이라는 점도 간과할 수 없다.

2차 세계대전 이후의 국제 질서는 비교적 안정적이었지만 지금은 전례 없는 변화에 직면해 있다. 10년 후의 세계를 전망하자면, 안정된 시대는 끝나고 다시 분쟁과 대립의 시대가 올 가능성이 있다.

현시점에서 세계 질서 체제는 1945년 이래 미국 중심으로 유지해온 브레턴우즈 체제를 보존하려는 서방측과 다른 새로운 질서를 구축하려는 중국·신흥개도국으로 양분화되고 있다.

미국과 중국의 대립은 심화될 공산이 크다. 중국이 구상하는 새로운 국제 질서가 투명성을 중시할 것인지, 중상주의적이고 국가주의적인 방향으로 기울 것인지 여전히 불투명하다. 향후 10년간 큰 구조변화가 일어나리라는 예측은 많지 않지만 중국의 존재감은 크게 높아질 것으로 전망된다.

1990년대 초 냉전이 종결된 뒤 세계화의 시대를 맞아 개도국을 주축으로 경제 성장이 가속됐다. 그러나 지금은 국내의 분단 문제를 안고 있는 국가들 사이에서 다시 국가주의와 이국 간二國間 주의가 대두하고 있다. 그러다보니 과거로의 회귀를 점치는 시각도 있다. 국가주의는 대공황 이래 가장 심각했던 2008년 세계 금융위기의 후유증이라는 지적도 있지만, 더 깊이 보면 무역 자유화, 정보 전파 속도의 증가, 물리적 국경의 의미 쇠퇴 등 세계화의 결과에 대한 구조적인 반동일 수도 있다.

여러 예측을 종합해보면 2020년부터 향후 10년은 아마도 인류가 경험해보지 못한 질풍노도의 시대가 될 것이다.

신뢰의 진화와 공동선·공동부

이 책은 '예측-시스템 혁신-전략-전환'의 순서로 전개된다. 우리는 저출산·고령화, 기후변화, 제조업 경쟁력 등 많은 과제를 일시에 풀어야 하는 상황에 놓여 있다. 기술 혁신을 넘어 사회 혁신이 시급하다는 경고음이 도처에서 울려 퍼지고 있다. 국가 전략과 정책은 수많은 각론을 담고 있지만, 이럴 때일수록 총론으로서의 '미래연표'가 필요하다. 성장·포용·공유사회의 미래상, 그리고 공동선과 공동부로의 전환은 이 연표에 자연스럽게 녹아든다.

바람직한 사회의 모델은 결국 신뢰 사회이다. 이는 미디어들이 여론조사를 할 때마다 공통적으로 나오는 결론이기도 하다. 사회가 분단되고 민의를 올바르게 수렴하지 못하는 상황은 미래 잠재력을 무력화한다. 이에 대한 해결 방안은 무엇보다 '신뢰 사회'를 만드는 일이다.

이런 점에서 미래의 사회 및 산업 발전을 향한 구조 전환 차원에서 한국형 신뢰 모델을 구축해야 할 필요성이 더욱 시급해지고 있다. 나아가 정치 영역에서 모두를 위한 실질 민주주의를 실현하게 하는 '공동선'과, 경제·산업 영역에서 모두를 위한 경제적 실질 자유를 실현하는 '공동부'의 모델을 만들어야 할 때이다. 이러한 신뢰의 토대 위에서 우리는 성공적인 미래 사회와 산업을 위한 혁신을 주도해나가야 한다.

코로나19가 준 도전과 희망

신종 감염병인 코로나19는 우리에게 많은 교훈을 남기고 있다. 미확인 바이러스의 공포는 사람의 활동을 위축시키고 사고방식에 변화를 가져왔다. 2020년에 집단으로 경험한 공포는 우리의 의식 속에 나이테처럼 각인될 것이다. 즐겁고 반갑기만 하던 사람과의 만남이 경계 대상이 될 수 있다는 것을 알게 되었다. 악수와 포옹이 친밀감과 사랑의 표현이 되지 못할 수 있음을 알았다. 가능하면 접촉하지 않는 것이 더욱 좋은 일이 되었다. 따라서 언컨택트uncontact 비즈니스의 성장이 예상된다. 비대면 비즈니스의 핵심이 데이터를 이용한 서비스라는 점에서 4차 산업혁명의 현실화는 더욱 가까워졌다.

한편 코로나19의 고통 속에서도 우리는 매우 소중한 교훈과 자신감을 얻었다. 국가적인 재난 상황에서 개인의 자유와 권리를 어느 정도 유보할 필요성도 인식하게 되었다. 그리고 직접 실행에 참여했다. 강제 격리는 물론 자가 격리를 대부분 성실하게 준수했다. 이 또한 공동선을 실현하는 모습을 보인 것이다.

우리의 방역 체계와 진단기기는 전 세계인의 부러움 대상이 되었다. 심지어 미국의 트럼프 대통령이 문재인 대통령에게 전화로 도움을 요청하기도 했다. 정부와 의료진, 의료기기 업계의 신속한 대응과 기술력에 의한 결과다. 우리도 이제 의료 선진국이 될 수 있다는 자신감을 갖게 되었다. 코로나19 확산 초기에 국회는 '코로나 3법', 즉 감염병 예방관리법, 검역법, 의료법의 개정안을 통과시켜서 효율적인 대응이 가능하게 해주었다. 위기를 인식하기만 하면 합의 시스템도 신속하게 작동한다는 것을 확인한 셈이다. 《2030 카이스트 미래경고》는 이러한 위기 속에서 희망을 찾고, 디지털 전환 시대를 이끌어갈 국가 혁신과 합의 그리고 전환 시스템 구축을 제안한다.

KAIST
FUTURE
WARNING

1부
—

앞으로 10년
**미래
시나리오**

KAIST
FUTURE
WARNING

1 위기는 어떻게 오는가

. . . .

대한민국의 위기 시나리오

요약문

1. 대한민국은 성공적인 근대화의 발전 역사를 가지고 있음. 전 세계 최빈국 중에서 유일하게 산업화와 민주화를 동시에 이룬 국가이며, 대부분의 개발도 상국이 빠지는 '중진국의 함정'을 성공적으로 돌파한 유일한 국가임.

2. 한국의 산업화와 경제 발전의 과정에는 어두운 면도 존재함.

2-1. 한국 경제의 식어가는 성장 엔진에 대한 위기의식과 우려가 심화되고 있음. 국가 혁신이 위축되고 성장 잠재력이 급속히 하락해, 세계 평균의 세 배 정도 성장하던 국가에서 평균 이하의 저성장 국가로 전락하고 있음.

2-2. 사회 경제의 구조적 모순을 극복하지 못하면 더 이상 지속가능한 경제 성장과 사회 발전을 기대하기 어려운 상황에 봉착함.

3. 대한민국 국가 경제 및 산업 발전의 구조적 위기는 기업들의 혁신적 시도가 사라지는 심각한 문제로 귀결되고 있음.

3-1. 도전의식과 기업가정신의 쇠퇴 속에서 기업과 개인은 제도적 장벽으로 보호받는 안정적 지대추구 경향이 심화됨.

3-2. 대한민국은 이전과는 다른 종류의 구조적 문제와 위기에 봉착해 있음. 현재의 위기는 산업 전체의 혁신 역량이 떨어지면서 기업 경쟁력이 점차 하락하는 데서 오는 중장기적 위기임.

3-3. 4차 산업혁명은 탈추격의 패러다임 전환 없이는 불가능하며, 국가적 차원에서 추격에서 탈추격으로 패러다임을 전환해야 일류 국가로 도약할 수 있음.

4. 우리는 대한민국의 경제 및 사회 발전의 구조적 위기 양상을 성찰하면서 미래를 예측하고 준비하고자 함. 우리의 미래는 단 한 가지 시나리오로 정해진 것이 아니라, 어떻게 대응하느냐에 따라 여러 가지 양상으로 전개될 수 있음.

4-1. 다양한 대안 미래를 상상하고 토론하는 미래 예측 방법, '미래 시나리오'에 초점을 맞춤.

4-2. 현재와 같은 형태로 '계속 발전', 현재와 같은 형태가 무너지는 '붕괴·몰락', 현재와 같은 형태가 무너지는 것을 방지하기 위한 '고난·규율'의 과정, 붕괴를 넘기 위해 새로운 변신을 거쳐 전혀 '다른 단계로 도약', 네 가지로 미래 시나리오를 상정함.

5. 우리는 위기·몰락의 시나리오를 중심으로 대한민국의 미래를 백캐스팅하고자 함.

5-1. 위기·몰락의 구체적인 미래 시나리오를 도출하기 위해 한국의 오피니언 리더 열 명과 각각 심층 인터뷰를 진행했고, 더불어 3대 분야의 전문가 그룹 열 명과 세 차례에 걸쳐 FGI 및 토론을 진행함.

자랑스러운 발전의 역사

대한민국은 성공적인 근대화의 역사를 가지고 있다. 전 세계 최빈국 중에서 유일하게 산업화와 민주화를 동시에 이룬 국가로, '한강의 기적'이라 불리는 산업화 과정을 통해 다른 나라들이 200년에 걸쳐 이룩한 근대화를 불과 30년 만에 이루었다. 게다가 산업화에 이은 민주화운동으로 문민 정권을 창출했으며 1997년의 외환위기를 성공적으로 극복했다. 2000년에는 벤처 기업이 선도하는 IT 산업으로 3차 산업혁명의 선두에 나섰다.

특별히 대한민국은 대부분의 개발도상국이 빠지는 '중진국의 함정'(경제개발에 성공한 국가들이 1인당 국민총생산이 7,500~1만 5천 달러에 이르면 성장이 서서히 멈추는 현상)을 돌파한 유일한 국가이다. 우리나라는 천연자원의 혜택이 전혀 없는 상태에서 인적 역량만으로 주력 업종의 발전과 전환을 통해 경제 성장을 달성했다. 이러한 경제 및 산업 발전은 지난 50년간 전 세계에서 유일한 성공 사례라고 할 수 있다. 나아가 다양한 사회개발 지표(기대수명, 영아사망률, 복지예산 비율 등)가 증명하듯 삶의 질도 뚜렷하게 향상되었다.

성공의 그림자

그러나 이러한 산업화와 경제 발전의 과정에는 어두운 면도 존재한다. 한국 산업화 전략의 핵심은 국가가 특정 산업 육성을 위해 소수 대기업에 지원을 집중하고 이를 통한 '낙수 효과'를 내는 것이었다. 이러한 신념은 최근까지 지속되어왔지만 이제는 국민들의 노력에 대한 경제적 과실이 일부 재벌 대기업에 집중되어 부가 올바르게 순환되지 않는 모순적인 현실이 크게 대두되고 있다.

특히 2010년대 들어 한국 경제의 성장 엔진이 식어가는 것에 대한 위기의식과 우려가 깊어지고 있다. 장기적으로 잠재 성장률의 하락 추세가 나타나고 있는데, 2006년 1인당 국민총소득 GNI 2만 달러 돌파 이후 계속해서 하락세를 보이고 있다. 저성장이 고착화되는 양상이 나타나면서 한국도 일본의 '잃어버린 20년' 같은 상황을 겪는 게 아니냐는 우려의 목소리가 국내외적으로 확산되고 있다. 실제로 지난 20년간 한국 경제의 잠재 성장률은 매 5년마다 1%씩 하락해왔으며, 기업의 수익률과 생산성도 하락 추세에 접어든 상태이다. 1980~1990년대에 7%, 2000년대에 6%에 달했던 한국 기업들의 영업이익률은 세계적인 불황의 영향을 받아 2010년대에는 5% 이하로 감소했다.

대한민국에는 이제 기득권 보호막이 형성되어 국가 혁신이 위축되고, 세계 평균보다 세 배나 높던 성장 잠재력이 평균 이하로 떨어지는 등 저성장의 그림자가 드리워지고 있다. 특히 성장과 분배 모두에서 문제를 겪는 진퇴양난의 위기에 봉착해 있다. 이를 극복할 비전과 리더십의 부재로 정부와 국회는 방향을 잃었으며, 각계각층에서 국민들이 국가에 대한 자부심을 상실하고 있다. 성장을 추구하는 보수와 분배를 추구하는 진보의 대립이 그들 스스로 이룩한 산업화와 민주화의 성과를 동시에 갉아먹는 상황이 펼쳐진 것이다. 압축적 경제 성장과 산업 발전이 낳은 양극화 문제, 신뢰의 저하와 심각한 사회적 갈등, 공정성 문제가 지속적으로 표출되고 있다. 근본적으로 이는 사회에 배태된 구조적 모순이 드러나고 있는 것이다.

앞으로 이러한 구조적 모순을 극복하지 못하면 우리는 더 이상 지속가능한 경제 성장과 사회 발전을 기대하기 어려울 것이다. 이제 한국 사회는 성장과 분배라는 과거 지향적인 이분법적 대립에서 벗어나 성장과 분배의 선순환을 일으키는 지혜를 발휘해야 한다.

4차 산업혁명 시대의 구조적 위기

대한민국 경제 및 산업의 구조적 위기는 기업의 혁신적 시도가 사라지는 심각한 상황으로 귀결된다는 점에서 그 심각성이 매우 중대하다. 실제로 경제 성장률 하락보다 새로운 시도가 줄어드는 것이 더 큰 문제라는 의견이 큰 공감을 얻고 있다. 글로벌 경기 침체, 선진국의 보호무역 장벽이나 신흥 시장 성장세 둔화 같은 대외적 요인에 더하여 내부적으로 새로운 도전이나 혁신적 시도가 줄어드는 것이 더 큰 문제라는 것이다.

도전의식과 기업가정신의 쇠퇴 속에서 한국의 기업과 개인은 제도적 장벽을 통해 보호받는 안정적 지대를 추구하는 경향이 점점 짙어지고 있다. 미국 실리콘밸리의 유니콘 기업(기업 가치가 10억 달러 이상인 스타트업)들은 불확실성에 과감히 도전해 혁신을 이뤄내는 반면, 한국의 기업들은 불확실성을 두려워하는 양태 속에서 검증된 사업만 수행하는 경향이 지속되고 있다. 이러한 양상은 통계에서도 고스란히 드러난다. 전 세계 투자액 상위 100개 스타트업을 보면 미국 기업이 56개, 중국 기업 24개, 영국 기업 6개, 독일 기업 3개 등인 반면 한국 기업은 하나도 없다.

한국 인재들도 도전정신보다는 안정성을 최우선으로 추구하면서 진로 선택에서 위험 기피 성향이 크게 증가해왔다. 대표적인 예로 점점 더 많은 청년들이 국가·지방 공무원 시험에 몰려들고 있다. 2017년 국가공무원 9급 공채의 경쟁률은 46.5 대 1, 2018년 지방공무원 7급 공채의 경쟁률은 97.9 대 1로 나타났다. 2018년 글로벌 기업가정신 지표Global Entrepreneurship Index 조사 결과에 따르면 한국은 조사 대상 35개국 중 21위라는, 비교적 낮은 수준에 머물렀다.

대한민국은 이전과는 다른 종류의 구조적 문제와 위기에 봉착해 있다. 이 새로운 위기는 산업 전체의 혁신 역량이 떨어짐에 따라 개별 기업의 경쟁력 또한 점차 하락하는 중장기적 위기이다. 특히 산업 관행이 변하지 않은 상태에서 성장률이 하락하고 있어 산업의 근본적인 패러다임 전환이 절실하다. 혁신 부재의 근본 원인을 제대로 파악하고 있지 못하며, 이러한 상태에서 내리는 일시적인 정책 처방은 효과를 발휘하기 어렵다.

지난 10여 년간 정부가 구체적 산업 목표를 설정하고 추진한 정책은 대부분 실패했다. 특정 산업을 위한 정책에서 산업 인프라 정책으로의 대전환이 필요한 상황이지만 '단기 실적주의'라는 공고한 벽이 이를 막고 있다. 이제는 정부가 모든 산업을 규제하고 진흥해야 한다는 생각에서 벗어나, '혁신의 안전망'과 '혁신 시장'을 구축하면 기업들이 미래를 만들어낼 것이라는 신뢰를 가져야 한다. 정부는 역사의 발전 방향과 세계 환경 변화의 맥락을 이해하는 동시에 토론을 통해 경제·산업 정책의 방향을 설정하는 구조로 진화해야 함을 요청받고 있다.

많은 전문가와 오피니언 리더가 인정하는 바와 같이, 우리가 새롭게 직면한 4차 산업혁명은 탈추격 패러다임으로의 전환 없이는 불가능하다. 우리는 현재 대변혁의 시대에 직면해 있다. 4차 산업혁명은 1~3차 산업혁명을 훨씬 뛰어넘는 경제적·사회적 충격을 줄 것이다. 인공지능, 사물인터넷, 클라우드, 빅데이터, 자율주행차, 드론, 가상화폐, 블록체인 등의 신기술이 모든 산업의 근간을 뒤흔들고 5G가 현실과 가상현실Virtual Reality의 경계를 무너뜨릴 것이다. 인간 두뇌와 컴퓨터를 연결해 정보를 주고받는 기술도 진화를 거듭함으로써 이미 고도의 지능정보화 사회가 도래했으며, 인류를 지금까지의 세계와 전혀 다른 신세계로 안내하고 있다.

4차 산업혁명으로 명명되는 '초연결 지능정보화'가 진행되면서 우리는 경제·산업 패러다임의 다각적인 변혁을 맞이하고 있다.

첫째로, 생산 방식과 생산 요소의 개념이 변화했다. 전통적인 생산의 3요소(토지, 자본, 노동)의 개념이 사라지고 있다. 유형의 금융·

실물 자본이 아닌 무형의 기술·지식 자본이 활성화되면서, 고갈되지 않는 자원이 등장했다.

둘째로, 인공지능, 사물인터넷, 블록체인, 클라우드 컴퓨팅, 빅데이터 등 첨단 지능정보 기술이 기존 산업과 서비스에 융합되거나 3D 프린팅, 로봇공학, 생명공학, 나노기술 같은 여러 분야의 신기술에 결합된다. 그 결과 모든 제품과 서비스가 네트워크로 연결되고 사물이 지능화되고 있다.

셋째로, 시장 여건의 변화가 불가피하다. 생산자와 개별 소비자 간 직거래가 증가하면서 제판일체製販一體, 생판일체生販一體 경영이 활성화되고 있으며 앞으로는 점포(중간상인)가 점차 사라질 것이다. 동시에 소비자와 생산자 간의 구별이 모호해지는 이른바 '프로슈머 prosumer'가 증가하고 제조업이 서비스화되어, 제조업과 서비스업 간의 구별 역시 모호해질 것이다.

미래 예측과 시나리오 방법론

이와 같은 구조적 위기 양상들을 성찰하면서 우리는 대한민국 산업의 미래를 예측하고 준비하고자 한다. 하와이대학교 교수이자 세계미래학회 회장인 짐 데이토는 "절대 미래 the future는 존재하지 않는다"고 단언하며, 인간과 여러 가지 요인, 예를 들어 환경, 경제, 자원, 특히 기술 등의 요인에 의해 다양하게 전개되는 대안 미래

들alternative futures이 존재할 뿐이라고 강조한다. 우리의 미래는 한 가지 절대 미래로 정해진 것이 아니라, 어떻게 대응하느냐에 따라 여러 가지 방식으로 전개될 수 있다.

'The future is uncertain(미래는 불확실하다)'이라는 유명한 명제가 있다. 불확실하다는 것은 정보의 부재만을 의미하지 않는다. 가능성이 열려 있다는 뜻이기도 하다. 미래 예측foresight은 바람직한 미래를 만들기 위한 사회적 과정이다. 대화와 토론의 과정이다. 따라서 우리는 과거부터 현재까지의 추세를 이용하는 '추세 외삽법적 예보extrapolative forecast'로는 미래에 대응하는 데 명확한 한계가 있음을 인정하고, 대신 토론을 통해 다양한 대안 미래를 상상하는 '미래 시나리오'를 강조한다.

미래 시나리오란 미래에 일어날 수 있는 여러 가지 상황을 이야기 형식으로 전달하는 예측 기법으로, 다양한 미래의 가능성을 명료하게 이해하도록 도와준다. 이 방법은 미래를 구체적으로 예측하기보다 묘사하는 데 주안점을 둔다. 불확실성을 고려한 시나리오는 전략적인 의사결정을 돕는 유용한 도구이다. 다양한 길을 탐색하고 각각의 길을 스토리로 쉽게 풀어내 영감을 주는 것이다.

미래 시나리오에 대한 연구는 2차 세계대전 당시 미국 공군에서 시작했고 미래학에서 이를 적극적으로 발전시켰다. 시나리오 방법론은 미래 대안을 탐색하고 대화를 이끌어내는 데 크게 기여했다. 시나리오를 도출하는 방법에는 복수의 미래 변인을 이용하는 것, 그리고 핵심 미래 동인을 중심으로 풀어가는 것 두 가지가 있다. 이

2개의 미래 변인으로 네 가지 시나리오를 도출할 수 있다.

미래가 어떻게 될 것인지는 수백만 가지의 가능성이 있지만, 대표적인 미래학자들의 시각을 통해 몇 가지 공통적인 시나리오(미래 원형archetype)를 도출해볼 수 있다. 짐 데이토 교수는 네 가지 시나리오를 상정한다. 첫째, 'Continued Growth'는 현재와 같은 형태가 계속 유지 발전하는 것이다. 둘째 'Collapse'는 현재의 상태가 무너지는 것이다. 셋째 'Discipline'은 현재의 형태가 무너지는 것을 방지하기 위한 고난과 규율의 과정이다. 넷째 'Transformation'은 붕괴를 넘기 위해 새로운 차원의 단계로 도약하는 것이다.

세계적인 미래학자이자 경영 전략가인 피터 슈워츠 박사는 조직 혁신 및 전략 측면에서 '현재 상태의 지속Business As Usual', '최선Best Case', '최악Worst Case', '변혁Outlier' 네 가지로 미래 시나리오 방법론을 도출했다. 더불어 후기 구조주의post-structuralism 입장의 미래 연구자들은 '선호 미래Preferred Future', '소유할 수 없는 미래Disowned Future', '통합 미래Integrated Futures', '변혁 미래Outlier'로 접근하고 있다.

위기 시나리오를 통한 백캐스팅과 인터뷰 설계

우리는 앞서 살펴본 짐 데이토 교수의 네 가지 미래 시나리오 중 Collapse(위기·몰락)를 중심으로 대한민국의 미래를 백캐스팅해 그려보고자 한다. 백캐스팅은 일정한 미래 시나리오를 설정하고, 이에 도달하는 데 필요한 작업, 의사결정, 전략, 정책, 자원, 기술 등을 조사 및 분석하는 미래 예측법이다. 우리의 백캐스팅 분석은 미래에서 시작해 현재로 오는 역방향 방식을 따른다.

여기서 중요한 점은 몰락이 나쁜 의미는 아니라는 것이다. 미래학자들은 몰락·붕괴를 부정적으로만 해석하지 않고, 붕괴의 긍정적인 면에 초점을 맞춘다. 붕괴의 과정이 있어야 새로운 출발이 가능하기 때문이다. 우리는 이러한 긍정적 관점의 위기 시나리오를 통해 대한민국이 더 나은 미래로 도약할 수 있는 희망 시나리오를 함께 제시할 것이다.

이러한 위기·몰락의 미래 시나리오를 구체적으로 도출하기 위해 2019년 3월에서 5월까지 한국 사회의 오피니언 리더 열 명과 각각 심층 인터뷰를 진행했고, 2019년 5월에서 6월 사이 3대 분야의 전문가 열 명과 세 차례에 걸쳐 표적집단면접 FGI, Focus Group Interview 및 토론을 진행했다. 인터뷰 대상자 및 주제는 다음과 같다.

• 오피니언 리더

원혜영(더불어민주당 국회의원), 김세연(미래통합당 국회의원), 김성식(前 바른미래당 국회의원), 이광형(KAIST 교학부총장), 정재승(KAIST 문술미래전략대학원장), 권기헌(성균관대 행정학과 교수), 김경준(前 딜로이트컨설팅 부회장), 김상배(서울대 정치학과 교수), 박진(국회미래연구원장), 이민화(前 창조경제연구회 이사장)

- 전문가 그룹
  ① 스타트업 기업인: 김태호(前 풀러스 대표), 이진주(걸스로봇 대표), 조산
     구(위홈 대표)
  ② 거버넌스 전문가: 김선배(산업연구원 국가균형발전연구센터장), 이관후(경
     남발전연구원 부연구위원), **최병천**(대통령 직속 소득주도성장특별위 전문위원)
  ③ 산업 전략 전문가: 김형주(녹색기술센터 책임연구원), **임현**(한국과학기술
     기획평가원 선임연구위원), 유영성(경기연구원 선임연구위원), 장석인(산업
     연구원 선임연구위원)

- 심층 인터뷰 질문 사항
  ① 만약 2030년에 한국이 '몰락'한다면 그 모습은 어떤 형태일까요? 구
     체적으로 묘사해주십시오.
  ② 그렇게 '몰락'하는 데 중요하게 작용할 변수는 무엇일까요? 변수들
     간의 인과관계를 말씀해주십시오.
  ③ 2030년에 한국이 그렇게 '몰락'하지 않게 하려면 현재에는 어떤 노
     력이 필요합니까?
  ④ 중요한 변수들이 잘 조응했을 때 기대할 수 있는 대한민국의 바람직
     한 미래상은 어떤 모습일까요? 구체적으로 묘사해주십시오.

오피니언 리더 심층 인터뷰는 개별 인터뷰이에게 직접 대면 질문을
하고 그 응답 내용을 기록함으로써 자료를 수집하는 면접조사 방법

이다. 여론을 선도하는 전문가 그룹의 심층적이고 전문적인 의견을 수집할 때 주로 사용한다. 일반인으로부터 얻기 어려운 다양하고 깊이 있는 전문적인 식견을 얻을 수 있다는 것이 큰 장점이다.

인터뷰어들은 위기·몰락 시나리오에 대한 주요 질문(가이드라인)을 통해 인터뷰이로부터 심층적이고 복합적인 내용을 이끌어냈다. 제3자의 영향을 배제한 조사 환경 속에서 인터뷰이들에게 조사 내용과 질문의 의도를 이해시킴으로써 정확한 정보를 수집할 수 있었다. 인터뷰 녹취록의 내용은 네트워크 분석을 통해 위기 시나리오의 분석 자료로 다양하게 활용되었다.

우리는 심층 인터뷰 면접조사와 더불어 FGI를 실시했다. FGI는 연구 대상의 인식, 의견, 믿음 등에 관한 질적인 조사 방법으로, 훈련받은 사회자가 소집단을 대상으로 인터뷰를 실시한다. 인터뷰는 인터뷰이가 모든 측면에 대해 자유롭게 의견을 말할 수 있도록 비구조화된 방식으로 이루어진다. 특정 집단 구성원들의 참여 토론 같은 방법도 사용되어 표적집단토론FGD, Focus Group Discussions이라고도 불린다. 본 연구를 위해 실시한 FGI에는 총 세 차례에 걸쳐 10인의 전문가가 참여했다. 논의된 모든 사항의 녹취 내용은 네트워크 분석을 통해 구조화되어 위기 시나리오의 분석 자료로서 다양하게 분석·활용되었다.

데이터가 보내오는 경종

요약문

1. 미래학은 미래의 가능한 시나리오를 현대적인 방법론을 통해 예측하고 구현하는 것임.

2. 새로운 비정형 데이터 분석 방법론 등을 활용해 미래 시나리오의 인과관계를 새롭게 구성할 수 있음.

2-1. 시니어 전문가들의 의미망 분석 결과 '사회적 합의 부재'가 몰락을 가속화할 수 있는 주된 원인으로 도출됨.

2-2. 북핵 위협, 중국 부상, 인구 문제, 산업 및 생산 구조, 계급 고착, 정책 답보는 현재 진행되는 문제일 뿐 몰락의 원인은 아님. 중요한 건 우리의 대응인데, 대응 방안에 대한 사회적 합의가 부족함.

3. 대외적으로 중국의 부상과 북핵 위협이 지속되고 대내적으로는 사회 갈등이 심화되며 국가 혁신 역량과 조정 역량이 답보 상태에 이르는 것이 몰락을 촉발하는 위협 요인임.

3-1. 해당 위협 요인을 제대로 관리하지 못하면 인구 구조와 변화 관리에 실패하고 구성원들의 도전의식이 꺾임.

3-2. 변화에 대응하지 못하면 국가 조정 역량이 약화되고, 연구개발과 산업 혁신에 실패할 것임. 다양한 이익집단의 정치적 투쟁, 더 나아가 노동 착취가 심화될 가능성이 있음.

3-3. 사회 구조적으로 양극화와 지대추구 행위가 심화되며, 안정 지향적인 태도가 재생산됨.

4. 그 총체적 실패의 결과는 외견상 극적이지 않을 수도 있음. 그러나 국가 경쟁력이 저하되고 존재감을 잃은 국가의 구성원들은 내일에 대한 희망이 없는 삶을 억지로 이어나갈 뿐임.

미래학 방법론과 데이터 과학의 결합

미래학은 미래학자들이 '신탁'을 내리는 학문이 아니다. 현대적인 방법론을 동원해 미래에 발생 가능한 시나리오의 범위를 엄밀하게 구획하는 작업에 가깝다. 1964년 미국의 랜드RAND 연구소가 개발한 전문가 합의 시스템 '델파이Delphi 기법', 그리고 1971년 제롬 글렌이 주창한 이래 중요한 잠재적 사건의 인과관계를 파악하는 데 활발히 활용되는 '퓨처스 휠Futures Wheel'은 학문 분야를 넘어 사회의 다방면에서 미래의 불확실성에 대한 대응 전략을 수립하는 데 지대하게 공헌해왔다.

응용수학과 통계, 빅데이터, 인공지능 등의 발달로 최근에는 소셜 컴퓨팅social computing 기술을 활용해 미래를 예측하고 상관관계나 인과관계를 발견하며 가능성의 범위를 정량화하는 방법론이 발전하고 있다. 미래학은 해당 방법론과 기법들을 흡수하고 통합해나가는 과정에 있다. 이 책에서 제시하는 데이터 분석 결과 역시 그러한 작업의 연장선상에 있다.

기존의 사회 조사 방법이 서베이survey를 통한 샘플(표본집단)

의 대표성 representability에 주안점을 두었다면, 텍스트 같은 비정형 데이터 분석에서는 컴퓨터 알고리즘이 파악하는 패턴의 신뢰성 reliability을 보다 중시한다. 전수 데이터와 표집된 샘플이 파악하지 못하는 패턴이 어느 정도의 해석적 보편성을 가질 것이냐 하는, 보다 생산적인 논의를 위해 새로운 질문을 도출하는 작업이라고 할 수 있다. 이 연구에서는 최신의 의미 연결망 분석 semantic network analysis 기법을 활용해 퓨처스 휠의 인과관계를 구현했다.

몰락 시나리오와 인과관계

앞에서 밝혔듯, 먼저 시니어 그룹의 전문가들에게 우울한 질문부터 던졌다. "만약 2030년에 한국이 '몰락'한다면 그 모습은 어떤 형태일까요? 무엇 때문에 그런 결과가 연출될까요?" 전문가들은 구체적으로 답했다. 이들 중 누구도 '몰락'의 질문이 허황되다고 생각하지 않았다. 시니어 전문가들의 답변 텍스트를 하나로 통합한 뒤 주요 키워드를 연결 확률에 따라 퓨처스 휠로 재구성한 것이 〈그림 1〉이다.

3개의 원으로 구성된 퓨처스 휠을 바이러스에 감염된 세포에 비교하면 좋을 것이다. 가장 안쪽의 원이 세포를 죽이는 가장 핵심적인 요소이다. '경쟁력 상실', '도전의식 약화', '산업 정체', '안보', '경제 위기' 등 다양한 화두 중에서도 '사회적 합의 부재'가 몰락을 가속화하는 근본 원인으로 드러났다. 즉, 몰락의 길은 모두 '사회적 합

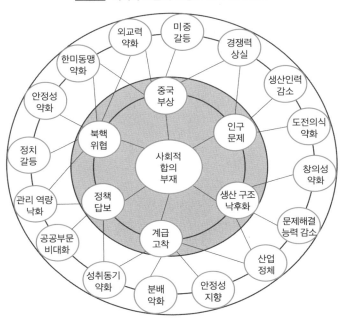

그림 1 시니어 그룹이 전망한 몰락 시나리오

의 부재'로 통했다.

둘째 단계의 원을 구성하는 '북핵 위협', '중국의 부상', '인구 문제', '생산 구조의 낙후화', '계급 고착', '정책 답보'는 분명한 위협 요소이지만, 대응 방식에 따라 기회가 될 수 있는 변수이기도 하다. 예를 들어 북핵 위협과 중국의 부상은 절대적으로 몰락을 일으키는 것이 아니라 대한민국이 어떻게 대응하느냐에 따라 새로운 기회와 가능성이 될 수도 있다. 그러나 우리가 미래 전략을 세우고 실천하는 데 합의를 이루지 못한다면 그때 몰락이 시작된다. 가장 바깥의

원들이 그 구체적인 결과이다.

북핵 위협과 중국의 부상에 대처하기 위한 사회적 합의의 부재는 한미동맹과 외교력을 약화시킬 것이다. 미중 갈등 상황에서 기민하게 대처하지 못하고 국익을 놓쳐 우왕좌왕할 것이다. 이러한 대외적 대응 역량의 약화는 다른 위협 요소들과 맞물려 국가 경쟁력을 떨어뜨린다. 생산 인력이 감소하고, 산업은 정체되며, 도전의식이 더욱 꺾이는 악순환에 빠지는 것이다.

생산 구조가 혁신과 탈추격 패러다임으로의 전환에 실패한다면, 생산 인력의 창의성과 문제해결 능력은 바닥 수준을 면치 못할 것이다. 산업은 더욱 활기를 잃는다. 자연스럽게 계급화가 고착되고, 사람들은 생산적인 활동과 도전 대신 안정성을 최우선으로 지대추구에 골몰할 것이다. 분배 정의는 실현되지 못하고, 성취에 대한 동기도 저하된다. 정책은 답보 상태를 벗어나지 못해 안정적인 공공 부문으로 자원과 권력이 상대적으로 집중될 것이다.

도전도 혁신도 없는 곳에서 관리 역량은 계속 낙후될 수밖에 없다. 악순환이 반복된다. 북핵 위협 같은 대외적인 위기 상황에서 구성원들이 단합하는 대신 정치적 갈등이 격화되고 사회는 더욱 불안정해질 것이다. 몰락의 과정이 혹자가 경고하는 '동아시아의 베네수엘라'처럼 극단적이지는 않을 수 있지만, 사람들은 간신히 버티며 평생 갈등 속에 살아갈 것이다. 죽어라 열심히 경쟁하고 일해도 생산성이 매우 낮고 보람을 느끼기도 힘든 세상이 된다.

영향과 결과

몰락 시나리오의 주요 변수를 압축적으로 간추리면 〈표 1〉과 같다. 향후 10년 이내에 벌어지리라 예측되는 대내외적 위기에는 원인이 있다. 대외적인 원인은 지정학적 차원과 글로벌 경제 차원이 교차하는 지점에서 발생한다. 지정학적으로 중국과 북핵의 위협이 지속되는 한편, 기술은 급속하게 발달한다. 이로 인한 경제·산업 구조의 전환은 기회이기도 하지만 전환 과정에서 기존의 생산자와 노동자에게는 엄청난 위험이 될 수도 있다.

　대내적인 위기 요인으로는 사회적 합의 부재로 인한 갈등의 심화, 그리고 국가 조정 역량의 답보로 인한 내부 개혁과 혁신의 실패가

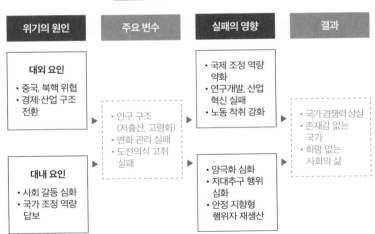

표 1　몰락 시나리오의 주요 변수

위기의 원인	주요 변수	실패의 영향	결과
대외 요인 • 중국, 북핵 위협 • 경제·산업 구조 전환	• 인구 구조 (저출산, 고령화) • 변화 관리 실패 • 도전의식 고취 실패	• 국제 조정 역량 약화 • 연구개발, 산업 혁신 실패 • 노동 착취 강화	• 국가 경쟁력 상실 • 존재감 없는 국가 • 희망 없는 사회의 삶
대내 요인 • 사회 갈등 심화 • 국가 조정 역량 답보		• 양극화 심화 • 지대추구 행위 심화 • 안정 지향형 행위자 재생산	

도출된다. 주요 변수에 해당하는 인구 구조에서는 저출산, 고령화가 가속화되고, 산업과 조직은 변화에 실패한다. 이는 구성원들의 도전 의식 저하로 귀결된다.

국가의 조정·혁신 역량이 약화되고 연구개발과 산업 혁신에 실패하면 어떤 일이 벌어질까? 국가 예산을 배분받으려는 이익단체들의 정치적 투쟁과 지대추구 행위가 일상화될 것이다. 정치적 명분으로 포장된 이익단체들의 국가 포획 현상이 심화되면서 경제적 자유도는 낮아지고 정치적 갈등은 높아질 것이다. 국가 기능이 마비되고 사회가 혼란스러워지며 노동 착취가 더욱 만연할 것이다.

그 결과 양극화가 지금보다 더 심해질 것이다. '가진 자'들이 혁신을 위한 도전이나 정직한 노동보다 지대를 추구하며 살아가는 데 익숙해지면서, 국민 대다수는 안정 지향적으로 변해간다. 문제는 국가 경쟁력을 점점 잃어가게 된다는 것이다. 경쟁력이라는 말이 언급도 되지 않을 정도로 기대가 사라진 국가에서, 사람들은 더 나은 내일에 대한 희망 없이 하루하루를 근근이 살아갈 뿐이다. 그 이상의 몰락을 상상할 필요가 있을까?

2 아직 희망이 있는가

· · · · · · · · ·

대한민국 미래의 희망 시나리오

요약문

1. 몰락 시나리오는 현재 전개되고 있는 부정적 요인에 대한 현실 인식에 기반해 그려보는 가상의 시나리오임. 미래를 위해 할 일은 부정적 요인들이 서로 연결되어 증폭되는 것을 막는 것임.

2. 미래의 희망과 관련한 의미망 분석 결과, '계층이동', '공동체', '교육', '사다리', '비전', '사회안전망' 등이 중요한 영향을 미치는 것으로 나타남.

3. 풍배도 분석 모델 해석 결과 '사회이동성 보장'과 '구조적 공백 공략'이 중요함.

3-1. 사회이동성을 높이도록 경제 성장 및 분배 제도의 개혁이 필요함.

3-2. 국제 지정학적 환경의 '구조적 공백'을 파악하고 국가가 추구할 전략을 사회적으로 합의하는 것이 중요함.

3-3. '구조적 공백'은 '틈새시장'이 아니며, 국제무대에서의 대한민국의 강점과 약점을 총체적으로 파악해 적절한 위치를 선점하고 네트워킹하는 전략이 필요함.

4. 정치, 외교, 경제, 사회, 문화 등 다방면의 부문에서 우리나라를 경쟁 국가들과 비교, 정확히 파악해 성장·포용·공유 사회의 미래상을 효과적으로 구현할 수 있음.

희망을 찾으려면

앞에서 언급한 몰락 시나리오는 현실의 연장선상에서 내다본 미래이다. 우리가 할 일은 현실세계에서 바이러스가 침투할 약한 고리가 어디인지 파악하고 세상이 병들지 않도록 예방하는 것이다. "그래도 희망은 있다"고 말만 하기보다 약한 고리를 단단하게 보정하는 실천을 통해 구체적으로 희망을 찾아가야 한다.

연구진은 전문가들에게 현실에 대한 구체적인 처방이 무엇인지 질문했다. 사회의 각 부문에 대해 다소 파편적인 다양한 대답이 나왔다. 그 대답의 내용들을 하나의 텍스트로 모은 다음 의미망 분석을 통해 생각의 지도를 시각화했다. 〈그림 2〉의 의미망에서 노드(연결망의 접점)의 크기는 보나시치 파워Bonacich Power를 통해 네트워크 전체에 미치는 영향력의 크기를 의미한다. 노드의 색은 같은 주제

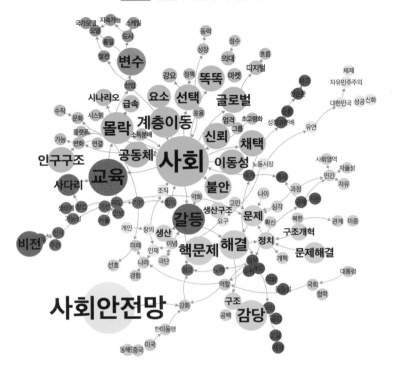

그림 2 전문가 대답의 의미망 지도

클러스터를 뜻한다. 한정된 인터뷰이 샘플에서는 발화한 키워드의
빈도수가 의미 없기 때문에 생각의 전체 연결 구조 속에서 중요한
결절점에 위치하는 키워드의 영향력을 측정한다.

  희망의 목적에 집중해서 의미망을 들여다보면 정중앙의 '사회'를
필두로 '계층이동', '공동체', '교육', '사다리', '비전', '사회안전망'등
의 큰 노드들이 눈에 띈다. 무엇이 중요한지 직관적으로 이해하는

데 도움이 된다. 좀 더 전문적이고 체계적인 분석을 통해, 인터뷰이들이 '희망의 재건'에 중요하다고 생각한 인과관계를 파악해보자.

사회이동성과 구조적 공백

사회는 기표signifier의 소용돌이가 재구성하는 기상 현상과도 같다. 작은 구름들이 모여서 언제 태풍이 불고 기상 이변이 발생할지 모른다. 그런 변화의 가능성을 분석하는 기상 예측은 그래서 늘 어렵다. 비슷한 맥락에서 사회의 의미도 구름 씨 같은 수많은 기표들이 모여 서로 연결됨으로써 형성된다. 언어 네트워크에서 여러 기표들은 특정한 몇 개의 의미로 수렴되는 패턴을 보인다. 이 특성에 착안해 사회심리학에서는 기상청 지도와 비슷한 언어의 풍배도를 그리고, 중요한 수렴 지점의 연결 관계를 분석한다. 태풍의 진행 경로를 관측하기 위해 태풍의 눈으로 들어가는 작업에 비유할 수 있다.

〈그림 3〉은 〈그림 2〉의 의미망에서 나타난 키워드들을 서로 수렴하는 관계에 따라 재배열한 것이다. 원의 겉 부분에서부터 형성된 의미들이 소용돌이를 이루며 원 안쪽의 의미로 수렴되는 것이다. 두 번째 그림은 가장 중요한 세 갈래 의미의 연속 관계를 보여준다. [변화-구조-미래-확신], [국가-공동체-합의-구조적 공백], [사회-이동성-성장과 분배-개혁]이라는 3개의 의미 연결선이 드러난다. 해석하면, 미래에 구조적 변화가 가능할 것이라는 확신을 얻으려면

그림 3 풍배도 모델에 따른 수렴 관계

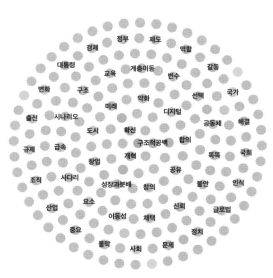

사회이동성 담보를 위한 경제 성장 및 분배 제도의 개혁이 중요하고, 국가 공동체가 지정학의 '구조적 공백'에 어떻게 대처할 것인지에 대해 합의를 이루는 것이 필요하다.

'구조적 공백'이란 무엇일까? 뒤에서 보다 자세히 설명하겠지만, 국제 관계 속에서 우리가 파고들 수 있는 '틈새'라고 이해해도 좋다. 이는 산업계에서 얘기하는 '틈새시장'과는 의미가 사뭇 다르다. 틈새시장은 기존에 존재하는 시장의 틈새에 존재하는 시장으로, 더 작은 규모의 제품 및 서비스의 차별화를 통해 발견된다. 반면 구조적 공백은 국가 간 정치·외교·경제·기술·문화적 세력 관계 속에서 나타나는 빈 공간을 의미한다.

예컨대 한국은 미국과 글로벌 위상, 경제 규모, 사회 구조가 다르기 때문에 세계 시장에서 구글 같은 선도 기업을 쉽게 만들어낼 수 없다. 일본이 전통적으로 강한 산업 분야의 전략을 답습하는 것도 우리가 취할 수 있는 전략은 아니다. 산업과 기술의 축적도 차이가 크기 때문이다. 국가의 이런 고유한 특성을 감안해 세계무대에서 우리가 비교우위를 가질 수 있는 위치를 다차원적으로 모색해야 한다. 탈추격 전략은 '나 자신을 아는 것'에서부터 시작된다. 이런 인식을 기반으로 성장과 분배를 아우르는 새로운 사회의 미래상을 구체적으로 그려나가야 한다.

성장·포용·공유 사회의 미래

요약문

1. 대한민국은 세계 최빈국에서 반세기 만에 세계 10위권 국가로 도약했으나, 추격자 전략이라는 과거의 성공 방식에 묶여 미래 비전이 불투명함.

2. 대한민국의 미래 비전으로 '순환'에 방점을 둔 '포용적 성장(혁신과 분배의 선순환)'을 제시하고자 함.

3. 성장의 핵심 동력은 혁신임. 혁신을 촉진하는 비결은 실패에 대한 안전망과 혁신의 보상을 강화하는 것임.

4. 혁신으로 만들어진 부가가치는 생산성에 비례하게 분배돼야 함. 1차 분배 과정에서 초래된 양극화는 국가 개입의 2차 분배 과정을 통해 조정해 지속가 능한 성장의 발판을 마련해야 함.

5. 분배는 조세·기부·투자·소비 정책 등을 통한 포용적 제도로 뒷받침되 어야 함.

6. 성장, 분배, 순환의 연결고리는 부가가치임. 부가가치를 만들고 나누는 과 정을 설계하는 것이 국가의 정책이어야 하며, 국가가 분배에 직접 개입하는 것 은 매우 제한적인 영역에서 한시적으로 이뤄져야 함.

7. 공유의 핵심은 가치의 창출과 분배의 선순환으로서, 세계경제포럼을 비롯 한 많은 기관이 4차 산업혁명 시대에 공유경제가 진화할 것이라고 예측함.

8. 대한민국의 공유경제 로드맵으로서 정보·물질·관계의 공유 전략을 제시함.

9. 공유경제를 지속가능하게 하는 자산은 사회적 신뢰임. 신뢰의 기술인 블록

체인을 통해 공유경제는 미래에 플랫폼 협동주의로 진화할 수 있으며, 이를 통해 공유재의 확장을 이룰 수 있음.

10. 사회적 신뢰는 성장·포용·공유 사회의 미래를 만들어가는 데 핵심 요소가 되고, 궁극적으로는 '공동부'의 토대에 대한 논의로 확대될 수 있음.

성장·포용·공유

대한민국은 반세기 만에 세계 최빈국에서 세계 10위권 국가로 도약한 한강의 기적을 일궈냈다. 그러나 추격자 전략의 성공에 매몰되어 갈 길을 잃고 방황하고 있다. 피터 드러커 교수가 극찬한 한국의 기업가정신은 OECD 회원국 가운데 바닥권으로 추락하고, 청년들은 안정성을 찾아 공공 분야로 몰려가고 있다. 주력 산업은 경쟁력을 잃어가고 신산업은 중국에 뒤처졌다. 경제적 양극화는 물론 사회의 여러 부문에서 세대 간, 이념 간 갈등이 증폭되고, 국가관의 부재로 개인주의가 더욱 팽배해지고 있다. 과연 대한민국에 밝은 미래가 있는가?

4차 산업혁명은 국민의 힘을 결집시키는 비전이 될 수 있다. 그러나 4차 산업혁명은 단지 기술 혁명이 아니라 사회 변동을 수반하기에 국민 모두가 공감할 수 있는 미래 비전이 필요하다. 미래는 예측하는 것이 아니라 만드는 것이기 때문이다. 독일의 '인더스트리 4.0', 일본의 '소사이어티 5.0', 중국의 '제조 2025'와 '인터넷 플러스' 등은 4차 산업혁명 전략을 국가 비전으로 브랜드화한 예이다. 그러나 이들은 아직 4차 산업혁명의 전부를 제대로 반영하지 못하고 있다. 대한민국은 고민과 통찰을 통해 4차 산업혁명의 본질과 추진 방향을 담은 큰 그림으로 세계적 브랜드를 만들어야 할 것이다.

대한민국은 3차 산업혁명을 선도했다. 3차 산업혁명은 개별 기업의 정보기술 혁명이라고 할 수 있다. 온라인 세계에서 국내 기업들의 앞선 기술로 일본을 추월하는 쾌거를 이룩했다. 그런데 온라인과 오프라인의 두 세계가 융합하는 4차 산업혁명 시대의 초입에서 대한민국은 걸음마조차 제대로 떼지 못하고 있다. 초연결·초융합이 이뤄지는 4차 산업혁명은 특정 기술을 가진 개별 기업이 아니라 사회 제도가 주도한다는 사실을 인지하지 못한 결과다.

현실을 데이터화하고 데이터를 지능화함으로써 현실을 개선하는 과정은 기술보다 제도의 변화를 더욱 필요로 한다. 개별 조직 차원을 넘어 전 사회의 개방과 협력이 요구되기 때문이다. 중국이 4차 산업혁명에서 한국을 앞선 이유는 기술이 아니라 제도 정비에서 앞섰기 때문임을 기억해야 한다.

한국은 성장과 분배 문제를 제대로 해결하지 못해 저성장과 양극화에 발목이 잡혀 있다. 양극화는 사회 갈등을 증가시키고 결과적으로 갈등의 중재자로서 정부를 끌어들인다. 그리고 정부는 각종 규제를 낳아 '창조적 파괴'를 가로막게 된다. 지난 250년간 시장 경제는 성장과 분배를 모두 달성하는 해결책을 내지 못해 사회주의와 자본주의 간 이념 대립의 원인이 되기도 했다. 국제사회는 이러한 문제를 인지하고, 성장과 분배를 동시에 추구하는 '포용적 성장'에 주목하고 있다.

그렇다면 포용적 성장이란 무엇인가?

포용적 성장은 2012년 MIT의 대런 애쓰모글루 교수와 하버드대학교의 제임스 로빈슨 교수의 책《국가는 왜 실패하는가》에서 소개된 개념이다. 저자들은 약탈적 경제와 정치는 결국 실패하고 포용적 경제와 정치가 성공한다고 주장하면서 대표적인 사례로 대한민국과 북한을 꼽았다. 그들은 역사적 사례를 통해 '창조적 파괴'의 수용 여부가 성공하는 국가와 실패하는 국가를 결정짓는다는 사실을 지적했다.

2017년 G20, OECD, IMF 등 국제기구는 국가 간 불평등은 줄어든 반면 국가 내 불평등은 심화되고 있다는 문제점을 인지하고, 이의 대안으로 각국에 포용적 성장을 권고하기 시작했다. 그러나 이들이 말하는 포용적 성장의 개념은 기업의 사회적 책임CSR의 국제표준인 'ISO 26000'에 기반한 지속가능성 개념에 가깝다.

포용적 성장이라는 하나의 표현을 두고 애쓰모글루 교수는 역사적 관점에서 '성장'에 방점을 두었다면 OECD 등은 양극화를 해소하기 위한 '분배'를 강조한 것이다. 사실상 하나의 용어가 2개의 다른 의미로 사용되면서 정책 대응에 혼란을 빚은 셈이다.

우리는 대한민국의 포용적 성장을 '혁신과 분배의 선순환'으로 정의하고자 한다. 혁신으로 성장을 촉진하고 분배를 통해 양극화를 해소하는 선순환을 일으켜 지속가능한 국가 발전을 추구하자는 것이다. 혁신, 전환 그리고 선순환을 각각 살펴보자.

성장의 핵심, 혁신

혁신은 '창조적 아이디어가 도전의 열매를 맺어 사회를 진화시키는 과정'이다. 혁신의 3대 요소는 창조성 발현을 위한 '연결성 강화', 도전을 장려하는 '혁신의 안전망', 그리고 혁신의 성과를 확산하는 '선순환 제도'이다. '창조성은 연결이다'라는 말은 스티브 잡스가 자주 인용해 유명해진 격언이다. 창조성은 기존 지식의 나열이 아니라 연결을 통해 발현된다. 연결을 가로막는 장벽을 철폐하는 동시에 촉진하는 플랫폼을 구축하는 것이 창조성 발현을 위한 양대 과제이다.

장벽의 종류에는 '진입 장벽', '부처 장벽', '규제 장벽'이 있다. 신산업의 등장을 막는 장벽은 산업의 연결성을, 정부 부처 간의 장벽은 국가 내 연결성을, 규제 장벽은 새로운 생각을 저해한다. 전문성이라는 미명하에 세워진 각종 장벽이 우리 사회의 창조성을 억누르는 것이다. 프레이저 연구소는 효율과 안전이라는 명목으로 만든 규제 장벽이 혁신과 반비례 관계에 있다는 것을 일찍이 증명한 바 있다.

장벽을 제거하는 동시에 연결을 촉진하는 플랫폼을 구축해야 한다. 인터넷으로 활성화된 온라인 플랫폼은 지식을 연결하면서 새로운 창조성을 촉발했다. 오프라인 연결은 비용이 높고 시간이 오래

걸리지만, 온라인 연결은 저렴하고 실시간으로 가능하다. 개방 플랫폼을 통해 데이터를 안전하게 활용하는 것이 4차 산업혁명의 출발점이다. 물론 연결을 통한 창조적 아이디어가 모두 열매를 맺지는 못한다. 《개혁의 확산》의 저자 에버렛 로저스에 의하면 아이디어 중 불과 0.7%만이 실질적 성과를 낸다. 통상적으로 도전의 80%는 실패한다. 그러나 실패한 도전에 징벌적 결과가 따르는 사회와 조직에서는 혁신이 자라지 못한다. '혁신하는 척'만 남는다.

모든 혁신의 성공과 실패는 동전의 양면과 같다. 실패를 없애면 혁신도 사라진다. 혁신을 위한 창조적 도전은 이를 지원하는 조직 문화가 뒷받침되어야 지속가능하다. '혁신의 안전망'이 창조적 도전을 성공시키는 인프라이다. 그러나 한편 실패에 지원이 따르면 혁신의 안전망을 악용하는 도덕적 해이가 우려된다. 혁신 조직의 문화적 역량은 '도전에 의한 실패'는 지원하되 '경계에 의한 실패'는 책임을 묻는 것, 즉 실패로부터의 학습 역량이라고 할 수 있다.

나아가 연결성과 혁신의 안전망을 토대로 한 창조적 도전의 성공이 지속가능한지 되짚어봐야 한다. 사회 전체의 관점에서 부가 성공한 기업에게 과도하게 쏠리면 혁신의 결과는 결국 불평등의 확산으로 귀결될 수밖에 없다. 누군가는 게임의 룰이 불공정하다고 주장하고, 또 다른 누군가는 결과의 불공정을 문제 삼을 것이다. 그 결과 정책의 객관적 평가보다 국민 여론에 부응한 규제 정책들이 발동해 국가 혁신의 골든타임을 낭비해버린다. 국가 경쟁력의 성장은 혁신으로만 가능하다. 경제 성장과 일자리 증가를 위해 국가는 혁신을 촉진해야 한다. 문제는 어떻게 혁신을 촉진하는가이다. 비결은 실패에 대한 안전망을 제공하고 성공에 대한 보상을 강화함으로써 성장과 분배의 선순환을 이루는 것이다.

혁신으로 얻은 부가가치는 생산성에 비례하게 분배하는 것이 원칙이다. 임금이라는 1차 분배는 평준화돼서도 안 되지만 생산성을 과도하게 넘어서도 안 된다. 한국의 근로소득에서 상위 10%가 차지하는 비중은 미국의 그것과 비슷한 수준이다. 그러나 생산성과 분배가 비례한 미국과 달리 한국에서는 생산성보다 조직화한 힘에 비례하게 분배가 이뤄져 노동시장이 왜곡되었다.

지속가능한 성장을 위해서는 1차 분배 과정에서 초래된 양극화는 조세와 기부로 이뤄지는 2차 분배 과정에서 국가 개입을 통해 조정되어야 한다. 지나친 양극화는 소비를 위축시키고 사회적 신뢰를 붕괴시킨다. 신뢰라는 사회적 자산 없이는 일류 국가로 부상할 수 없다. 세계 일류 국가들의 특징은 사회안전망을 통해 실패로부터 다시 혁신을 촉발하는 '생산적 복지'를 추구한다는 것이다. OECD 조사에 의하면 한국의 2차 분배 개선 효과는 최저 수준이다. 높은 노인 빈곤율과 수준 낮은 사회 통합이 주된 원인이다.

경제는 생산과 소비의 순환이다. 생산을 확장하는 혁신의 보상과 소비를 촉진하는 양극화 해소는 결국 하나의 길로 이어진다. 혁신으로 성장을 극대화하고 2차 분배 과정에서 간극을 좁히는 것이다. 혁신의 주역인 기업은 선순환을 고려하는 기업가정신을 가져야 한다. 혁신은 결과가 아니라 지속적인 도전의 과정임을 명심해야 할 것이다.

분배의 핵심, 포용적 제도

성장 일변도의 국가 발전 전략은 국민소득 3만 달러 시대에 부합하지 않는다. 3만 달러 시대에 걸맞은 요소가 필요하다. 그것은 바로 '신뢰'라는 사회적 자산이다. 이는 사회적 안정성을 보장하는 분배의 영향을 받는다. 분배는 내수 소비의 원천이요, 양극화 해소와 고착화 타파의 열쇠라고 해도 과언이 아니다.

분배의 3대 원칙은 공정성, 투명성, 안정성이다. 우리나라 분배 구조의 문제점은 중소 자영업 비중이 과다하게 높은 것과 지나친 이권 경제 발호에 있다. 예를 들어 높은 진입 장벽을 통한 지대추구 수익이 중소 자영업 수익의 두 배에 이른다. 이러한 분배 구조를 개혁할 3대 정책 방향으로 '자영업의 고부가가치화', '이권 경제의 공정 경쟁화', '공공 부문의 개방화'를 제시하고자 한다. 분배 정책의 목표는 사회안전망과 일자리를 제공하는 것이다. 사회안전망은 생존에 필요한 최저 생활을 보장하는 수준이 돼야 한다. 일자리는 안정의 욕구 충족을 넘어 도전 의지를 촉발하도록 설계돼야 한다.

성장과 분배는 순환 정책으로 완성된다. 조세·기부·투자·소비 정책이 4대 순환 정책인데, 노블레스 오블리주 문화를 만들어 경제 가치와 사회 가치의 선순환을 촉진하는 것이 정책의 목적이다. 이를 통해 분배가 곧 생산이고 생산이 곧 분배가 되도록 하는 인프라가 만들어진다. 이를 통해 가치 창출과 분배가 더욱 확대될 수 있다.

일자리의 양과 질은 부가가치에 의해 결정된다. 부가가치를 창출하고 거기에 기여한 만큼 공정하게 배분받는 것이 일자리의 본질적 의미이다. 세금으로 만든 일자리가 지속가능하지 않은 이유가 여기에 있다. 부가가치가 바로 성장과 분배의 연결고리이며 부가가치를 만들고 나누는 과정을 설계하는 것이 국가의 정책이다. 국가가 분배에 직접 개입하는 것은 매우 제한적인 영역에서 한시적으로 이뤄져야 한다.

우리가 주목하는 사회 통합은 성장에 필요한 규제 개혁과 노동 유연성이 사회안전망, 일자리안전망, 그리고 조세 정책의 기본 매개하에 함께 추구되는 것을 의미한다. 노동 유연성은 성장을 뒷받침하지만 개별 노동자에게는 일자리 불안정성으로 비춰진다. 개별 노동자의 불안을 전체 사회의 안정으로 이끌어내야 하는 것이 노동 정책의 딜레마이다. 사회안전망으로 이를 해결할 때 선순환이 가능해진다. 막대한 비용이 요구되는 사회안전망 설치는 부가가치로부터 거둔 세금으로 이뤄진다. 결국 성장, 분배, 순환은 서로 독립적인 요소가 아니라 상호 연결된 삼위일체이다.

그러면 이러한 사회 대통합은 가능한가? 대표적인 성공 사례로 스웨덴의 '렌-마이드너 협약(1940년)', 네덜란드의 '바세나르 협약(1982년)', 독일의 '하르츠 개혁(2003년)'이 있다. 대통합을 가능하게 한 것은 총체적인 위기의식의 공유 그리고 신뢰와 비전을 주는 리더십이었다. 우리는 위기의식을 공유하고 리더십을 가지고 있는가?

공유의 핵심, 가치 창출 분배의 선순환

현실과 가상이 결합하는 4차 산업혁명은 필연적으로 공유경제로 이어진다. 세계경제포럼을 비롯한 많은 기관이 이러한 현실을 예측하고 있다. 제품의 종류가 다양해지고 수명은 짧으며 온라인을 통해 실시간으로 접근권 거래가 가능해지면서 소유보다 공유가 빠른 속도로 증가하는 추세이다. 공유는 사회의 효율을 증가시키기 때문에 이런 추세는 자연스러운 현상이다. 공유경제에 대비하지 못한 국가는 4차 산업혁명 시대에 뒤처질 수밖에 없다.

4차 산업혁명으로 오프라인 현실세계는 온라인 가상세계와 융합되고 있다. 과거에는 오프라인의 극히 일부분만이 공유의 대상이었다. 1%도 채 되지 않았을 것이다. 인터넷이 촉발한 온라인 시대에는 공유의 비중이 5%까지 증가했지만 이때까지도 경제 가치의 대부분은 오프라인에 있었다. 그러나 자동차, 숙박 시설, 사무실 등 과거에는 소유의 대상이었던 것이 기술 발전의 결과로 이제 공유의 대상이 되었다. 미래학자 제레미 리프킨은 《한계비용 제로 사회》에서 새로운 경제 패러다임으로 공유경제를 주목한 바 있다. 그러나 한편으로 공유경제는 새로운 양극화의 주범이라는 비판을 받고 있다. 공유경제가 자원을 더 효율적으로 활용하는 반면 생산을 감소시킨다는 점 때문이다. 예를 들어 에어비앤비 이용의 증가로 인한 국내총생산 및 일자리 증가분보다 호텔 신축 감소로 인한 국내총생산 및 일자리 감소분이 더 클 수 있다는 논리이다.

개방형 공유 플랫폼이 만들어내는 혁신 가치는 장기적으로는 일자리에 긍정적으로 작용할 것이다. 그러나 그것이 지속가능하려면 공유경제로 창출된 이익의 공정하게 분배돼야 한다. 우버를 둘러싼 논쟁의 핵심은 플랫폼 사업자에게 이익이 과도하게 많이 돌아가는, 불합리한 분배의 문제다. 공유경제에서도 독점적 사업의 폐해는 여전히 존재한다. 따라서 건전한 경쟁 구도인 '멀티호밍 multihoming(하나의 접속망이 여러 개의 사업자와 연결되는 것)'의 정착과 경영 정보의 개방이 필수 조건이 되어야 한다.

글로벌 경제 사회는 '오프라인 소유' 중심에서 3차 산업혁명의 '온라인 공유경제'를 거쳐, 4차 산업혁명 시대에는 'O2O Online to Offline 공유경제'로 진화하고 있다. 이 거대한 전환 속에서 한국은 멀리 뒤처져 있다. 한국도 공유경제 로드맵이 절실하다. 공유경제 로드맵은 정보 공유에서 시작돼야 한다. 공공 데이터를 개방하고 기업의 폐쇄적인 보안 방침을 개혁해 오픈 소스 생태계를 만들어야 한다. 우선 3년 안에 공공 데이터의 90% 이상을 개방해 공유 문화를 선도해야 할 것이다. 공공 조직이 데이터를 제공하고 민간 사업체가 데이터의 활용성을 높이는 식으로 역할이 분담되면 공공 데이터 활용이 촉진될 것이다.

기업의 폐쇄적인 보안 문화를 바꾸기 위해서는 보안과 개방의 패러다임이 변해야 한다. 오픈 소스를 활용해 5%만 내부에서 개발하는 실리콘밸리 기업들과 90%를 내부에서 개발해야 하는 한국 기업들 간에는 경쟁력 차이가 날 수밖에 없다. 따라서 오픈 소스 생태계의 법률 플랫폼과 개발자와 사용자 간 협력 플랫폼이 절실히 요구된다.

다음으로 클라우드와 데이터 공유 생태계가 중요하다. 일본이나 유럽과 같이 개인정보 비식별화에서 재식별화 규제로 전환해 개인정보 보호와 활용 사이에 균형을 이루고, 개인정보의 통제권을 개인에게 주어야 한다. 4차 산업혁명 시대에는 인터넷이 서버에서 클라우드로 이동한다. 개별 기업 중심의 혁신이 기업 생태계 혁신으로 진화하기 때문이다. 개별 기술보다 기업 간 개방 협력이 더 중요하다. 즉, 제도가 기술에 앞선다. 따라서 클라우드를 활성화하는 정책을 통해 클라우드 트래픽을 3년 안에 50% 이상으로 확대해야 한다.

공유경제는 전 세계의 경제 흐름을 이끌고 있다. 거대 기업과 스타트업의 과반수가 공유경제를 지향하고 있다. 자동차를 소유하지 않는 우버와 호텔방을 소유하지 않는 에어비앤비의 미래 기업 가치가 각각 제너럴모터스와 힐튼호텔을 넘어서고 있다.

이러한 공유경제는 오픈 소스, 온디맨드On-Demand 혹은 협력적 소비, 프로슈머, 온라인 플랫폼, O2O 플랫폼, 소셜네트워크, 개방혁신, 긱 경제 등 다양한 형태로 발현되고 있다. 그러나 그 본질적 의미는 경제 주체와 객체 간의 공유라는 하나의 개념으로 귀결된다.

공유경제에서는 정보 공유를 통해 지식이 폭발적으로 확산되어 사회적 가치가 창출된다. 물질의 공유를 통해 자원은 최적화되고 비용은 감소한다. 관계의 공유를 통해 사회는 궁극적으로 부분이 전체를 반영하는 생명 현상을 띨 것이다. 공유경제는 인간 진화의 차원을 한 단계 더 높여주기 때문에 더욱 의미가 있을 것이다.

따라서 다음과 같은 공유경제 입체 모델에 기반해 공유경제 발전 정책을 제시한다. 소비 관점의 정책은 정보의 공유인 오픈 소스, 물질의 공유인 온디맨드, 관계의 공유인 프로슈머의 확산이다. 공급 관점에서는 개방 혁신과 협력적 생산 정책이 요구된다. 이러한 소비와 공급을 연결하는 온라인 플랫폼, O2O 플랫폼, 관계 플랫폼이 공유경제의 시장 인프라에 해당한다.

표2 **공유경제 입체 모델**

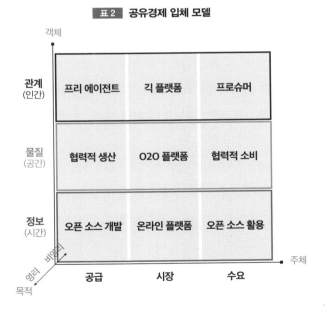

사회적 신뢰와 블록체인: 플랫폼 협동주의와 공동부를 향해

공유경제는 사회적 신뢰와 유대감이 뒷받침되어야 지속적으로 실현 가능하다. 이런 측면에서 신뢰의 기술인 블록체인이 공유경제를 촉진할 수 있을 것이다. 블록체인의 가장 큰 특징은 중앙집중형 권위 체계를 설계하지 않고도 신뢰 네트워크를 구축할 수 있다는 점이다. 블록체인은 이해관계자 간의 상호작용을 더 안전하고 분권화된 방식으로 만든다.

이러한 블록체인은 플랫폼 독점 기업의 거대화와 이로 인한 노동자의 고용 불안정, 불평등 문제의 확대 등 공유경제의 한계로 지적되는 문제들을 해결할 것으로 기대를 모은다. 공유경제는 블록체인 기술과 결합되어 '플랫폼 협동주의(뉴욕대 뉴스쿨의 트레버 숄츠 교수가 제안한 개념으로, 디지털 플랫폼의 기술은 그대로 수용하지만 플랫폼을 다양한 형태의 협동조합, 노동조합, 지자체 등이 협력적 방식으로 소유하는 것을 말함)'로 진일보할 수 있을 것이다.

소수의 자본가들에게 막대한 이익이 돌아가는 기존 공유경제 시스템의 구조적 한계를 넘어서 플랫폼 기업의 독점화를 견제하고 공유재commons 확장을 시도하는 플랫폼 협동주의는 블록체인 기술과 아주 절묘하게 결합될 수 있다. 이러한 플랫폼 협동주의가 구현되는 사회에서는 연결이 폭발적으로 확대되어 정보와 지식이 전파되고 지속적으로 새로운 가치가 창출될 것이다. 그리고 새로운 가치가 플랫폼 생태계의 참여자들에게 재분배되어 공유재 창출의 기반을 이루게 될 것이다.

결국 이와 같은 플랫폼 협동주의 등에서 배태되어 나타나는 사회적 신뢰의 문제는 우리 시대의 경제적 난제를 해소하면서 성장·포용·공유 사회의 미래를 만들어가는 핵심 요소가 될 것이다. 또한 궁극적으로는 모두를 위한 경제적 기본 자원으로서의 공동부의 토대에 대한 논의로 확대될 것이다.

3 어떻게 미래를 만들 것인가

. . . .

전문가·창업가들이 말하는 대한민국의 미래
: 전환, 혁신, 합의

요약문

1. 오피니언 리더 그룹 인터뷰를 통해, 혁신에 중요한 요소로 창업(스타트업), 제도와 문화(거버넌스), 혁신과 조화(산업), 세 가지가 도출됨.

2. 창업가들의 관점에서 혁신은 사람이 만드는 것. 그러나 포지티브 규제는 혁신적인 활동에 필요한 사고와 행태를 심각하게 제한함. 규제 시스템의 틀을 송두리째 바꾸면서 시스템의 오남용에 대한 엄벌주의로 사회적 신뢰를 제고해야 함.

3. 한국 사회에 새로운 패러다임의 거버넌스가 필요함. 새로운 사회적 협약과 지배 구조 개편을 통해 종래의 파이프라인 위주의 생산 관계에서 플랫폼 경제로의 도약을 이루어야 함. 이를 위해서는 정치 구조의 개편도 중요한 관건이 됨.

4. 산업 전략은 '먹거리 찾기'나 '유망한 산업 타깃팅'이 아님. 사람이 활동하고 창의성을 발휘할 수 있는 사회 환경을 조성하는 것이 근본적인 산업 전략임. 이를 위해선 거버넌스의 개편, 특히 교육 부문의 혁신이 필요함.

필드 전문가 그룹 인터뷰

연구진은 시니어 오피니언 리더들, 그리고 중요 영역에서 활약해온 필드 전문가들을 그룹별로 표집해서 FGD를 수행했다. 주요 영역으로는 스타트업(창업), 거버넌스(제도와 문화), 산업(혁신과 조화), 3개가 도출되었다. 스타트업 분야에서는 모빌리티, 플랫폼, 로봇 분야 창업가들을 표집했다. 거버넌스 부문은 학계, 정부 위원회, 정부출연연구원에서 경제 및 사회 구조의 변화상과 대응 방안을 연구해온 전문가들을 인터뷰했다. 마지막으로 산업 분야는 정부출연연구원에서 전략을 개발한 전문가들과 토론을 진행했다.

스타트업 전문가 인터뷰

갈수록 양극화가 심해지는 상황에서 그나마 창업이 희망의 빛줄기로 인식되는 분위기가 조성되고 있다. 정부 또한 창업을 강조하고 있다. 그러면 정작 창업가들은 어떻게 생각하고 있을까?

〈그림 4〉는 창업가들이 토론한 내용을 의미망으로 분석한 결과이다. 좌측 상단의 '필요' 클러스터와 하단의 '국민' 클러스터를 연결하는 '규제 시스템'이 눈에 띈다. 비슷한 맥락에서 중앙에 위치한

그림 4 청년가 FGD 의미망

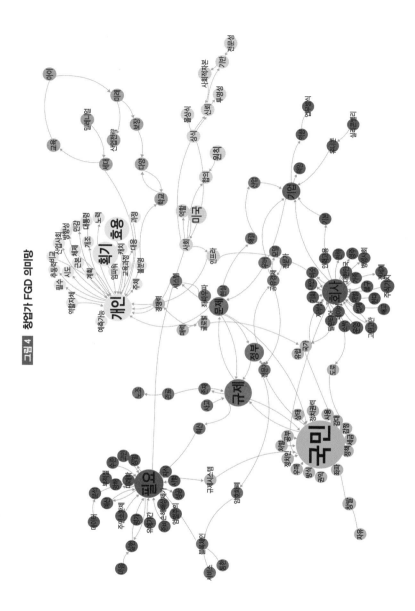

'규제'는 '혁신'을 통해 '필요'로 연결된다. 무엇이 문제일까? '규제 시스템'이나 '혁신'은 그 주체로서 사람의 역할이 중요하며, 결국 공동체의 신뢰와 사회적 관계와도 밀접하게 연결된다. 다시 말해 사회 문화와 제도의 산물인 사회적 자본이 중요한 동인이라고 볼 수 있다. 예를 들어 한국은 미국과 비교해 사회적 자본이 현저하게 낮은 사회로 인식된다. 그러다보니 각종 규제가 사람들의 사고와 행태를 옭아매고, 이는 다시 낮은 사회적 자본을 공고히 하는 악순환으로 이어진다. 사람들이 규제의 틀 안에서 형식적으로 눈속임만 하면 된다고 생각하고 행동하기 때문이다.

이런 관점에서 보면 규제 시스템의 해결 방안은 단순히 철폐나 완화가 다가 아니다. 현재 시행 중인 포지티브 규제 시스템은 참여자를 일거수일투족에 대해 허락을 구하고 허용된 울타리 내에서만 행동하게 만든다. 교도소의 죄수와도 같은 사고방식을 갖도록 유도하는 기제가 되기 쉽다. 다양한 시도와 실험이 꽃피우도록 자유가 보장되어야 하는데 제도와 문화가 인간 영혼에 제한을 가한다.

대한민국 국민이 자유와 창발을 통해 글로벌 사회에서 매력을 가질 때 경쟁력이 발현되는데(국민), 현 교육 과정에서 자란 주체들이 그러한 획기적인 변화를 위해 능동적으로 '대응'할 수 있을지 '불분명'하다. 다시 말해 규제 시스템과 행위자의 사고방식은 서로 긴밀하게 연결되어 있다. 규제 제도의 틀 자체를 네거티브 시스템으로 바꾸는 동시에, 비리나 시스템 오남용에 대해 '집단손해배상제(기업)', '주민소환제(정치인)' 등 '엄벌주의'를 강화해 사회적 신뢰를 회복하는 것이 필요하다.

요컨대 변화에 대한 공감대를 형성하기 위한 미래 지향적 노력이 필요하다. 어떤 공감대일까? 창업자들은 규제 시스템을 다양성을 담보하는 방향으로 개편하기 위해 정부의 정책적 역량이 필요하다고 역설한다. 규제가 블록체인, 핀테크 등 특정 기술을 가지고 경제 활동을 해도 되느냐의 여부를 규정하는 것뿐만 아니라, 다양한 시도와 모색을 하고자 하는 인간의 정신과 행위를 옭아맨다고 보기 때문이다. 대한민국 창업가들은 규제의 틀 안에서 사람의 정신과 태도가 혁신의 족쇄가 될 수 있다는 사실에 유의해야 한다는 입장이다. 그런 행위자의 관점에서 본다면 근본적인 대안은 교육에서 찾을 수밖에 없다. 학교에서 다양한 학습 실험이 이루어지도록 현행 교육 시스템을 개조해야 한다.

거버넌스 전문가 인터뷰

거버넌스는 정부의 행정 시스템을 뜻하는 데서 그치지 않고 더 심오한 함의를 내포한다. 일반 시민과 기업도 사회의 통치성governmentality을 구현하는 행위자가 될 수 있다. 통치성이란 공공선의 구현을 위한 목적 지향적인 자기 규율 시스템이라고 할 수 있다. 사회학자 미셸 푸코의 개념을 따르면 거버넌스는 이러한 통치성을 관장하는 지식과 권력의 연결 관계로 이해할 수 있다. 따라서 거버넌스에 대한 물음은 다음과 같은 문제의식을 내포한다. 누가 어떤 지식과 자원을 동원해 어떤 규제를 가하고, 사람들은 어떠한 관계 속에서 권력과

그림 5 거버넌스 전문가 FGD 의미망

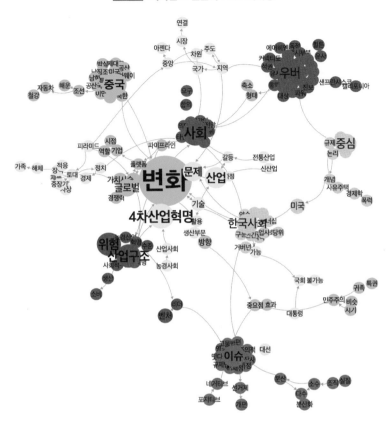

자원을 재생산하는가?

　토론에 참여한 거버넌스 전문가들은 4차 산업혁명, 공유경제 등 기술 급변의 시대에 통치성에 대해 새로운 도전이 가해지고 있으며, 따라서 새로운 산업화에 대응하기 위해 거버넌스의 개혁이 필요하다고 본다. 그것을 시각화한 게 〈그림 5〉이다. 특히 새로운 규제와 선거제 개편 등을 포함한 '사회적 협약', 사유 주택 등에 대한 '공공 재와 사유재의 개념', 기업 오너십의 성격 등을 망라하는 총체적인 변화가 필요하다. 다른 한편으로 중국의 도전과 영향력이 점증하는 글로벌 환경 속에서 글로벌 가치사슬의 중심부로 진입하기 위한 국가 경쟁력을 갖추어야 한다.

미래 산업 사회에서 적응하고 생존하려면 기존의 '파이프라인' 구조에서 탈피해야 한다. 기존의 파이프라인 방식은 대기업 위주의 수직적 계열화 속에서 중간재를 산출하기 위해 고급 노동력을 저렴한 값에 쥐어짜는 방식에 의존했다. 그룹 토론에 참여한 거버넌스 전문가들은 미래에는 부가가치를 창출하려면 보다 '플랫폼' 친화적이어야 한다고 지적한다. 경제 활동 및 산업 혁신의 과정에서 다양한 사용자와 소비자가 기꺼이 찾고 효용을 누리고 싶게 만드는 공감대와 매력을 갖추어야 한다는 것이다.

종래 기업의 파이프라인 생산 모델을 변화시키기 위해서는 먼저 가치관이 변해야 한다. 거버넌스의 변화는 행위자들이 공감하는 가치관에 의해 추동되기 때문이다. 그러나 오늘날 국회에서는 대화와 타협이 실종되어 의미 있는 변화가 일어나기 어렵다. 변화가 가능하려면 혁명과 유사한 상황이 전개되어야 할지도 모른다. 현재와 같은 피라미드 형태의 위계 구조에 균열이 생기지 않으면 그와 같은 변화는 쉽게 일어나지 않을 것이다.

산업 전략 전문가 인터뷰

산업 전략은 이른바 '미래 먹거리'로 대표되는 산업 분야를 발굴하는 것과 동의어로 이해되기도 했다. 그러나 여기에는 간단하면서도 간과하기 쉬운 의문이 따른다. 글로벌 시대에 미래 최첨단 산업에서 한국이 중요하게 생각하는 분야를 경쟁 국가들이 모를까? 혹은 가만히 내버려둘까? 결국 산업 전략의 기본적이고도 중요한 목적은 어떻게 전략을 실천하는 환경을 조성할 것이냐 하는 것이다.

그런 환경에서 가장 중요한 부분은 〈그림 6〉의 의미망에서 '기술료'로 대표되는 인센티브 시스템이다. 거버넌스 전문가들이 그러했듯, 산업 전략 전문가들 또한 산업 전략을 사람을 움직이게 하는 전략으로 이해한다. 이 때문에 사일로 효과Silo effect(부서 간에 서로 협력하지 않고 내부 이익만을 추구하는 현상)를 극복할 수 있는 조직의 프로그램 역량도 중요하다. 산업 생산성 개선을 위해 행위자들의 마인드와 행태가 변해야 하는데, 이를 위해서는 근본적으로 교육과 대학이 변해야 한다. 상향식 거버넌스를 달성하기 위해서는 교육 과정과 연구개발의 평가 시스템이 단기적·양적 평가 위주의 패러다임에서 벗어나야 한다.

미국이나 독일 등 전통이 오래 축적된 산업 강국들은 파괴적 혁신 속에서도 타협을 통해 신산업과 전통 산업 간의 갈등을 최소화하는 길을 모색했다. 이런 타협 역량 또한 행위자의 마인드와 연결된다. 시민 사회의 수용성, 대학 사회의 분위기, 공무원의 공공성 및 역량 등은 갈등에 빠진 나라에 지속가능한 산업 발전의 토대를 조

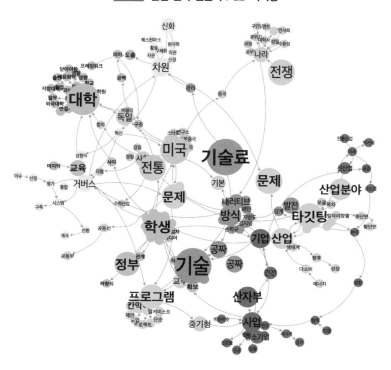

그림 6 산업 전략 전문가 FGD 의미망

성하는 조건이 된다. 그런 의미에서 산업 혁신 전략은 좁은 분야에 국한되지 않는다.

결국 무엇을 추구해야 할까? 신산업 육성 과정에서 기술 융합을 통해 글로벌 시장에서의 영향력을 높이는 게 우선이다. 융합은 조합보다 훨씬 어렵다. A와 B의 기술적 지식을 융합하려면 A와 B 각각을 모두 깊이 이해해야 할 뿐만 아니라 A와 B가 개개로서 구현하지 못하는 공백을 비판적인 사유와 상상을 통해 꿰뚫어볼 수 있어야 한다. 대학의 역할 변화가 심대한 의미를 가지는 이유이다. 교육 혁신은 이해당사자가 혁신적 활동에 '의욕'을 가질 수 있는 사회 문화적 환경을 조성하는 일과 결코 무관하지 않다.

KAIST
FUTURE
WARNING

2부

혁신을 떠받치는
3대 사회
시스템

KAIST
FUTURE
WARNING

1 전환 시스템

. . . .

국제 지정학으로 보는 한반도 리스크

요약문

1. 한반도는 지정학적으로 강대국들이 충돌하는 경계의 지역임.

1-1. 현실은 여전히 남과 북이 분단되어 있으며 동북아는 냉전 기류에 봉착해 있음.

2. 신냉전으로 확대되는 미중 무역전쟁.

2-1. 미중 무역전쟁 과정에서 미국은 극단적인 미국 우선주의 정책으로 무역과 국가 안보를 연계시키고 있음.

2-2. 보호무역주의로 양국이 상당한 경제적 손실을 감당함.

3. 북핵 문제의 복잡성.

3-1. 핵은 북한 생존 전략의 최후 보루이기 때문에 쉽게 포기하지 않을 가능성이 높음.

3-2. 북핵 문제가 자연스럽게 평화적으로 해결될 것이라는 낙관론은 매우 순진하고 위험한 발상이 될 수 있음.

4. 일본의 우경화와 보수화 문제.

4-1. 한국과의 과거사 및 배상 문제가 빌미가 되어 한일 통상 전쟁을 야기함.

4-2. 화이트리스트 삭제와 한국의 지소미아 종료 여부 등으로 갈등 국면에 있음.

5. 비전통적 안보 위협과 4차 산업혁명 시대의 지정학적 리스크.

5-1. 기존의 안보 패러다임에서 더욱 확대된 복합 안보 패러다임(기술 특허 안보, 사이버 보안, 보건 안보, 원자력 안전, 미세먼지 문제 등)이 부상하고 있음.

5-2. 글로벌 차원에서 벌어지는 다차원적 변화에 제대로 대처하지 못해 야기될 문제들은 4차 산업혁명 시대의 지정학적 리스크가 될 수 있음.

동북아의 국제 지정학

동북아 국제 정치를 이해하는 하나의 틀인 지정학이 최근 강대국의 권력 게임과 함께 다시 대두하고 있다. 이념, 체제, 종교 등 모든 대립이 충돌하는 지정학적 경계에 위치한 한반도 상공에서 냉전의 기류가 다시 흐르고 있다. 한반도는 여전히 남과 북으로 분단되어 있으며 동북아시아는 북핵 문제를 필두로 냉전의 기류에 봉착해 있다.

또한 신냉전의 시작으로 비유되는 미중 무역전쟁은 극단적인 미국 우선주의와 신중상주의의 결과로서 무역과 국가 안보 문제가 혼합되는 양상으로 전개되고 있다. 각자가 상당한 경제적 손실을 감수하는 한이 있더라도, 미래 산업의 핵심 경쟁력을 확보하기 위해 이러한 보호주의 양상은 계속 이어질 것으로 예견된다.

지정학의 시각에서 보면 북한의 핵 문제 역시 국가 생존을 위한 최후의 보루이기에 북한이 이를 쉽게 포기하지 않을 것으로 보인다. 2018~2019년까지 남북 정상회담과 두 차례 북미 정상회담으로 역사의 변곡점을 맞이했지만, 화해와 평화의 분위기가 조성되었다고 결론짓는 것은 시기상조이다. 북핵 문제가 자연스럽게 평화적으로 해결될 것이라는 낙관 또한 매우 순진하고 위험한 생각일 수 있다. 신냉전의 기류에서 북핵 위협과 더불어 일본과의 관계에서도 과거사 갈등 문제, 무역분쟁 등 난제가 산적해 있다.

또한 '강한 러시아의 부활'을 슬로건으로 내세운 푸틴은 신동방정책을 내걸고 중국의 동북 3성(요녕성, 길림성, 흑룡강성)과 한반도 쪽으로 진출을 모색하고 있다. 러시아의 극동 지역은 석유와 천연가스 등의 지하자원뿐 아니라 산림자원도 풍부하다. 또한 유라시아 대륙과 아시아 태평양 지역을 연결하는 관문에 위치해 러시아 국가 발전의 전략적 요충지라고 할 수 있다. 군사적인 측면에서도 극동 지역은 상당히 중요하다. 2018년 러시아는 냉전 종식 이후 처음으로

사상 최대 규모의 군사 훈련 '보스토크 2018'을 실시했다. 이는 미국과 일본을 견제하려는 의도로 풀이된다.

이에 미국은 중거리핵전력조약INF 탈퇴로 응수했고, 러시아도 같은 방식으로 미국에 대응하겠다고 표방하면서 미국과 러시아, 더 나아가 유럽에까지 심각한 안보 위협이 가해지고 있다. 이 중심에 있는 한반도는 국내 정치 문제와 북핵 문제는 물론 주변국과의 외교 문제에서까지 유동적인 관계를 맺으며 지혜롭게 대처해야 할 상황에 놓였다. 특히 트럼프 정부의 가변적인 정책에 재빠르게 대처해 한미 관계의 새로운 역할과 목적을 설정하고, 이를 바탕으로 한중일러 관계의 복잡한 퍼즐을 풀어나가야 한다.

신냉전으로 확대되는 미중 무역전쟁

미중 신냉전의 근원을 파악해보면 미국 트럼프 대통령의 등장으로 거슬러 올라간다. 미국의 블루칼라 계층은 미국의 경제 침체를 해결할 적임자로 트럼프를 선택했다. 정권 초기 트럼프는 미국의 경제 회복을 목표로 내걸고 미국 우선주의를 외교 안보 전략의 기치로 삼았다. 미국은 사실상 경제 침체의 주범으로 몰린 중국을 수입 관세 부과 및 환율 조작국 지정을 통해 압박하기 시작했고, 미국의 표적이 된 나라들은 여지없이 미국의 통상 압박에 시달리게 되었다.

《세계 경제패권전쟁과 한반도의 미래》의 저자 김택환 교수는 미국과 중국의 대립으로 한반도 상공의 역학 관계가 변하고 있다고 한다. 구냉전 시대에는 한미일 대 북중러의 구도가 뚜렷했으나 북미 정상회담 이후 프레임이 변하고 있다는 주장이다. 〈그림 7〉에서 보는 바와 같이 북한의 비핵화에 대해서는 한미일중러가 한목소리를 내고 있다. 북핵 문제에 있어서는 국제 공조가 이루어지고 있다고 할 수 있다. 외교 안보 차원에서는 지소미아 협정 종료 여부를 두고 한미일 공조가 틈새를 보였다. 특히 과거사와 영토 문제로 한일 간 공조는 취약해진 것으로 판단된다.

경제 영역에서도 미중 무역전쟁의 격화로 동북아를 포함해 세계의 경제가 휘청거리고 있다. 무역전쟁은 중국이 지속적인 경제 발전을 이루면 자연스럽게 민주주의와 시장 경제 국가로 전환될 것이라는 미국의 학계 및 정계의 예측이 보기 좋게 빗나갔다는 것이 확인되면서부터 시작되었다. 미국의 예측과 달리 중국은 중화사상에 기반을 두고 정치 체계는 중국식 사회주의를, 경제 체제는 시장 경제를 채택하는 독자적인 모델로 '세계 경제의 중국화 전략'을 펼치고 있다. 이러한 과정에서 세계 패권을 두고 중국이 자유민주주의 체제의 대표 격인 미국과 마찰음을 일으키며 무역전쟁을 벌이고 있는 것이다.

2018년 1월부터 12월까지 미국은 무려 200회 이상 중국의 무역 관행을 비판했다. 특히 중국이 미국의 지식재산권을 침해하고 중국에 진출한 미국 기업들에 기술 이전을 강요했다고 주장했다. 그러나 여기에는 우주항공, 정보통신, 로봇공학, 신소재 등 중국 첨단 산

그림 7 남북 및 4강의 외교 · 안보 · 경제 협력 전략

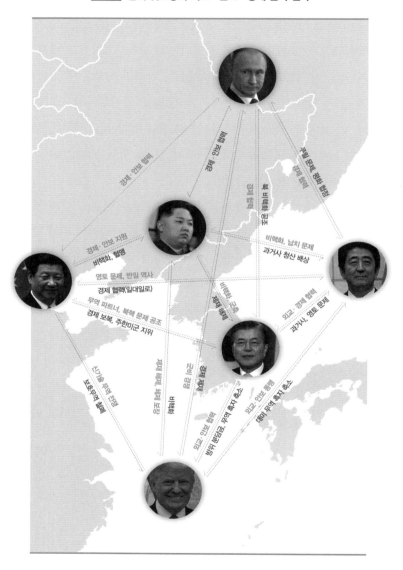

업의 발전을 지체시키고 미래 기술에 대한 중국 굴기中國崛起의 싹을 사전에 잘라버리려는 의도가 담겨 있다.

　미중 간의 본격적인 경쟁은 이제 겨우 시작이다. 트럼프는 중국의 아킬레스건인 대만과의 관계, 동중국해 문제, 남중국해 문제 그리고 남북 관계에 걸쳐 상호 견제와 경쟁을 지속하고 있다. 향후 안보 문제 역시 미중 관계 갈등의 화약고를 터뜨리는 불씨가 될 수 있다. 범죄인 인도 법안 문제에서 시작해 일국양제一國兩制 시스템이 무너질 수 있다는 우려로 촉발된 홍콩 시위는 중국의 고민을 깊게 한다. 중국이 홍콩에 개입할 경우 중국과 대만의 관계는 예측 밖의 시계제로 상태에 빠지게 되며, 미국은 이를 유용한 지렛대로 활용할 것이다.

글로벌 차원의 비전통적 안보 위협 증가

기존과 다른 개념의 신흥 안보 위협이 증가하는 것도 중요한 문제이다. 글로벌 차원에서 대두되는 기술 특허 안보, 사이버 보안, 보건 안보, 원자력 안전, 그리고 미세먼지 문제에 이르기까지 안보의 패러다임이 더욱 확대되고 있다. 이러한 복합 안보 문제는 전통적 국가 안전의 개념을 넘어 기술과 산업 모두를 포함한 사회 전반의 이슈에 중대한 영향을 미친다. 이 과정에서 국가 행위자 이외에도 초국적 네트워크를 배경으로 활동하는 비국가 행위자들을 눈여겨볼 필요가 있다.

국제 정치에 영향력을 행사하려는 테러리스트 조직뿐 아니라 다국적 기업이나 글로벌 시민단체의 활동도 여기에 포함된다. 비전통 안보 위협 증가의 배경에는 사회 불평등과 양극화 그리고 글로벌 차원의 빈부격차 등의 문제가 있다. 그것은 2019년 1월 세계경제포럼이 화두로 던진 '지구화 4.0'에서 사회 정치적 문제로 제기한 것이기도 하다. 다시 말해 글로벌 차원에서 벌어지는 다차원적 변화에 제대로 대처하지 못해 야기되는 문제는 4차 산업혁명 시대의 지정학적 리스크가 될 수 있다는 뜻이다.

대한민국 위치권력의 전환: 구조적 공백 침투

요약문

1. 동아시아의 구조적 공백을 메우기 위해 대한민국 위치권력의 전환이 필요함.

1-1. 동아시아 세력망에는 '약한 고리'가 존재하는데 이는 모두 북한과 연결됨 (북한-미국, 북한-일본, 남한-북한).

1-2. 대한민국은 동북아 세력망 속의 구조적 공백을 전략적으로 활용하는 중개자 역할을 수행할 필요가 있음.

1-3. 동북아 주변 4강 네트워크의 전체 구도에서 위치권력을 장악하고, 러시아와 중국과의 관계를 지렛대로 한국의 사회적 자본을 풀어나가는 전략이 필요함.

2. 이러한 과제를 달성하기 위해서는 기업 네트워크와 글로벌 공급망의 미시적 분석이 수반되어야 함.

2-1. 다자간 경제 협력은 민간 기업의 주도로 국경 인접 지역에서 에너지 자원 공동 개발 프로젝트를 수행하거나 물류 교통망을 형성하는 등 기능적인 협력을 추진하는 것이 바람직함.

3. 북한의 비핵화와 별도로 유엔의 제재로부터 자유로운 남북 협력 사업 추진이 필요함.

3-1. 민간 차원에서 국제기구와 연계해 유엔의 제재로부터 자유로운 소규모 프로젝트를 추진하는 방법을 모색해야 함. 예를 들어 북한의 인력 개발을 위한 교육, 민간 주도의 소프트파워 교류 등 남북 고위급이 아닌 일반 시민들과의 실질적인 만남과 교류의 장을 확대해야 함.

4. 북방 경제권 진출을 가속화해 환동해 중심의 협력 체계를 구축하고 한반도의 배후지 및 해외 진출의 교두보를 마련해야 함.

동아시아의 구조적 공백

한반도 주변국과의 정치·외교적 관계에서 구조적으로 여러 문제가 불거지고 있다. 냉전이 종식된 이후 안보 위협이 줄어들면서 미국의 동맹국 기구라고 할 수 있는 북대서양조약기구 NATO 와 동아시아 국가들 간의 동맹 관계가 약화되는 기류가 감지된다. 그러나 북핵 문제가 동아시아뿐 아니라 미국의 안보에도 위협이 되어 한미 동맹의 끈은 끊어지지 않고 있다.

동아시아 세력망에는 '약한 고리'가 존재하는데 이는 모두 북한과 연결된다(〈그림 8〉의 점선 참조). 지난 20여 년간의 동아시아 국제 정치 역사를 보면 이 약한 고리들이 구조적 공백으로 작용했음을 알 수 있다. 예를 들어 북한의 핵무기 개발로 인해 북한과 미국의 관계가 악화되었고, 일본인 납치 사건 등으로 북한과 일본 간 긴장 관계가 형성되었으며, 천안함 사건과 연평도 포격 사건 등으로 남북 관계 또한 경색되었다. 이러한 긴장 관계는 동아시아의 안정과 평화를 위협하는 요인으로 인식된다.

서울대학교 김상배 교수의 '네트워크로 보는 중견국의 외교 전략의 구조적 공백' 개념에서 보면 남북한 및 미중일러 4개국으로 구성

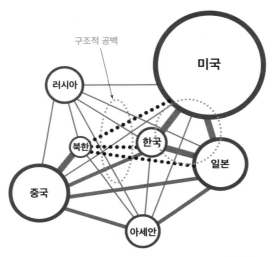

그림 8 동아시아 세력망의 가상도

구조적 공백

러시아

미국

북한 한국

일본

중국

아세안

• 자료: 김상배, 〈네트워크로 보는 중견국 외교 전략〉, 《국제정치논총》, 한국국제정치학회, 2011년, 68쪽.

된 동아시아 세력망의 변화에 있어 태풍의 눈은 바로 북핵 문제이다. 동북아 세력망에서는 긴장과 갈등, 평화와 화해의 양면적 성격이 늘 공존하고 있을 뿐 아니라 그 구조 속에서 다층적인 의미의 공백들이 생성되고 있다.

〈그림 8〉에서 보는 바와 같이, 구조적 공백이란 네트워크가 분절된 상태에서 행위자 간의 연결이 성긴 상태, 즉 어느 조직 내에서 정보의 흐름이 단절된 관계의 상태를 의미한다. 구조적 공백의 공략은 단절된 개체들 사이에서 전략적으로 중요한 위치를 차지함으로써 단절된 개체들에 대해 경쟁력을 갖는다는 뜻이다. 이러한 구조적 공백 개념의 기저에는 사람이나 집단 간 정보의 흐름을 중개하는 중

개자의 역할과 '위치권력(네트워크상의 위치로부터 생성되는 영향력)'의 중요성이 전제되어 있다. 중개자는 네트워크상에서 위치권력을 차지하고, 행위자들 간 정보의 흐름을 막는 관계의 단절, 즉 구조적 공백을 메우는 역할을 담당한다.

대한민국은 이러한 동북아 세력망 속에서 중개자의 역할을 수행할 필요가 있다. 즉, 위치권력을 차지해야 한다는 뜻이다. 북한을 둘러싼 구조적 공백을 메우고 한반도 주변의 4강을 지렛대로 활용하는 고차원적인 외교를 통해 우리나라는 네트워크 내에서 위치권력을 장악하고 '허브'로서의 역할을 강화해야 한다.

더욱 거시적인 관점에서, 동아시아의 세력망은 미중 관계의 긴장 그리고 한미일 관계 갈등 속에서 한국이 위치권력을 차지하기 위해 취해야 할 외교 전략의 방향을 제시한다. 그 방향이란 중개자 역할과 함께, 한미일의 긴밀한 공조 속에서 지금까지 쌓아온 사회적 자본을 러시아와 중국과의 관계를 풀어나가는 지렛대로 활용하는 것을 말한다.

기업 네트워크와 글로벌 공급망의 미시적 분석

이러한 과제를 풀어나가기 위해서는 기업 네트워크와 글로벌 공급망을 미시적인 관점에서 분석해야 한다. 이러한 측면에서 다자간 경제 협력의 방향은 지정학적으로 제약이 많은 정부 간 제도적인 경

제 통합보다는 민간 기업 주도의 기능적인 경제개발 협력이 바람직
하다. 예를 들면 국경 인접 지역에서 에너지 자원을 공동 개발하거
나 물류 교통망을 형성하는 것이다.

아래 〈그림 9〉는 아이폰의 글로벌 공급사슬을 나타낸다. 시장조
사 업체 IHS 마킷의 조사에 따르면 아이폰 XS 맥스 부품의 원가별
국가 비중은 한국(32.9%), 미국(30.7%), 일본(13.5%), 대만(2.1%) 순이
다. 핵심 부품을 조립하는 기업 폭스콘은 대만 기업이지만 생산 공
장은 중국에 있다.

미중 무역전쟁의 결과로 중국에서 미국으로 수출되는 아이폰에
관세가 부과되면 미국에서 아이폰의 가격이 오르고, 이 부담은 고스
란히 미국 내 아이폰 사용자에게 전가된다.

그림 9 **아이폰의 글로벌 공급사슬**

• 자료: ADBI 하나금융경영연구소, 2009년.

그림 10 전자 · 부품 소재 산업의 글로벌 공급사슬

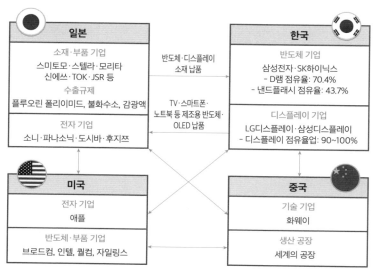

• 자료: 〈이코노미조선〉.

그렇다면 애플이 생산 공장을 미국으로 이전할 수 있을까? 노동 임금의 차이를 비롯한 여러 요소를 고려해 폭스콘이 스마트폰 제조 기반이 없는 미국으로 공장을 옮길 가능성은 크지 않다. 또한 중국 은 자국 기업들의 기술력이 높아지면서 대다수 부품을 국내에서 조 달할 수 있으며 제조 공정의 자기 완결이 가능한 상태에 이르고 있 다는 사실도 주목해야 한다. 샤오미, 화웨이, 오포 등 중국산 스마트 폰은 중국 내 판매량에서 선두권을 유지하고 있다. 스마트폰 시장에 한해서는 미중 무역전쟁이 장기화할수록 미국이 더 큰 피해를 입을 것으로 보이는 대목이다.

그림 11 반도체의 글로벌 공급사슬

반도체 생산

· 전 공정 장비: 노광장비 등
아우디, 노키아, 지멘스, SAP 등

· 전 공정 장비: 이온 주입 등
애플, 퀄컴, MS, IBM, 페이스북 등

· 준비 공정: 규소
화웨이, 오포, 샤오미 등

· 준비 공정: 실리콘 웨이퍼
· 전 공정 소재: 포토레지스트, 불화수소
· 전 공정 장비: 포토레지스트 베이커, 습식식가 등
소니, 니콘, 캐논, 닌텐도 등

→ 반도체 원료, 소재, 장비 공급
⇢ 주요 반도체 수요지

· 자료: 〈KMI 동향분석〉.

　미중 무역전쟁이 확전과 휴전을 거듭하며 장기전으로 접어든 가운데 동북아에는 새로운 통상 갈등이 불거지고 있다. 한일 간 과거사 갈등이 통상 분쟁으로 이어져 2019년 7월 일본 정부는 반도체 핵심 소재의 한국 수출에 대해 규제를 발표한 후 한국을 화이트리스트(수출 규제를 간소화하는 우방국 명단)에서 제외했다. 〈그림 10〉에서 보는 바와 같이, 공급 관계가 서로 복잡하게 얽히고설켜 어느 한쪽이 일방적으로 승리하기란 어렵다.

　애플은 미중 무역전쟁의 장기화를 예측, 중국 생산량의 15~30%를 제3국으로 분산하는 작업을 하고 있다. 또 미국의 반도체 업체 브로드컴은 미국 정부의 화웨이 제재로 큰 타격을 입었다. 본사 매출의 50% 이상을 화웨이에 의존하고 있기 때문이다.

　〈그림 11〉은 반도체 산업의 글로벌 공급사슬 그림이다. 만약 일본

기업이 부품 수출을 중단해 반도체 생산이 지연될 경우, 미국과 유럽 등지에서 반도체 확보를 위한 경쟁으로 반도체 가격이 폭등한다. 이는 글로벌 공급사슬에 있는 각 국가에 심각한 타격이 될 수 있다.

유엔 제재로부터 자유로운 남북 협력 사업 추진

트럼프 행정부의 외교 전략이 매우 가변적인 경향을 보이며 동맹 전략도 시시때때로 변하는 점을 고려해 미국의 정책에 발 빠르게 대응하는 것이 필요하다. 2018년 NATO 정상회의에서 트럼프 대통령은 NATO 회원국에게 방위비 증액을 강력히 요구했다. 독일의 메르켈 총리도 유럽의 안보는 유럽이 책임져야 한다고 밝혀 중장기적으로 동맹의 필요성이 줄어들 수 있다는 추론이 가능하다.

이러한 관점에서 볼 때 대한민국은 유럽과 러시아를 지렛대로 삼아 외교 안보의 다변화 전략을 취해야 한다. 민간 주도의 무역과 해외 직접 투자도 한 국가에 집중되는 분업 구조가 되어서는 안 된다. 동아시아 전반에 걸친 생산 네트워크 및 공급망을 구축해 장기적인 관점에서 시장을 확대하고 분업 체계를 구축해야 한다. 나아가 러시아, 유럽과 실질적인 프로젝트 중심의 협력 네트워크를 구축하여 점진적으로 인적·물적 교류를 실현해나가는 것이다.

북핵 문제와 관련해서는 미국뿐만 아니라 동북아 주변국이 어느 때보다 민감하게 반응하고 있다. 하지만 북핵 문제는 단시간에 해결될 수 있는 성격이 아니다. 몇 번의 북미·남북 정상회담으로 해법을 만들어내기는 쉽지 않다. 문재인 정부는 선제적 지원과 정상 간 대화를 강조했으나 남북 관계는 크게 호전되지 못하고 여전히 실마리를 찾지 못한 채 경색된 상태에 머물러 있다.

정치적으로 미중 관계와 북미 관계의 큰 틀에서 해법을 모색할 수도 있으나 현실적으로 가능한 대안은 이렇다. 민간 차원에서 유엔의 대북 제재를 위반하지 않으며 국제기구와 연계해 자유로운 소규모 프로젝트를 추진하는 것이다. 예를 들어 북한의 인력 개발을 위한 교육, 민간 주도의 소프트 파워 교류 등 일반 시민과의 교류의 장을 확대해나가야 한다. 특히 학술 교류 같은 교육 목적 사업은 실질적으로 북한의 개발을 도울 수 있으며 더 나아가 한반도 통일을 이루는 데 큰 밑거름이 될 수 있다.

철도 건설 같은 대규모 인프라 사업은 현재의 제재 국면에서는 실행하기 어렵다는 사실을 인식할 필요가 있다. 제재와 무관한 소규모 프로젝트를 통해 신뢰를 쌓고 서로에 대한 인식을 개선해 남북 관계를 복원하는 동시에 중국, 미국과의 국제 공조를 통해 북핵 문제 해결의 실마리를 찾아가야 한다. 이를 위해서는 긴 인내의 시간이 필요하고 서로의 국익을 함께 추구해야 할 것이다.

마지막으로 동북아 북방 경제권 진출을 가속화해 환동해 중심의 협력 체계를 구축하고 이를 한반도의 배후지 및 해외 진출의 교두보로 활용해야 한다. 신북방 정책은 현재 미국과 중국에 집중된 외교 채널을 다변화하는 데 큰 의의가 있다. 북방 지역 국가와의 협력을 추구하는 것이다. 대상 지역은 러시아, 몽골, 독립국가연합CIS(우즈베키스탄, 카자흐스탄, 키르기스스탄, 아제르바이잔, 타지키스탄, 우크라이나 등), 중국의 지린성, 헤이룽장성, 랴오닝성 등이다.

이는 향후 북핵 문제 해결의 진전 여부에 따라 한반도에서 중국과 러시아까지 이르는 초국경 경협으로 이어질 수 있다는 것을 시사한다. 북한의 비핵화가 진전되고 제재가 완화되면 북중러 3국 접경 지역에서의 다자 협력을 추진하고 동북아 평화의 기반을 구축해 경제 발전을 추구한다는 의미이다.

남북 경협과 동북아 평화를 바탕으로 한 경제 통합 네트워크는 전략적 이익을 가져다줄 것으로 기대된다. 환동해권의 에너지, 해운, 조선, 물류를 연계하는 연결망 구축 사업과 구조 고도화를 축으로 협력 플랫폼을 가동하는 환동해 경제권을 형성한다면 이는 남북한 경제 협력의 큰 밑거름이 될 것이다.

그러나 주지하다시피 한반도는 지정학적으로 대륙 세력과 해양 세력 사이에 끼어 있다. 신냉전 시대 이래로 북한은 중러와 한미일 간의 '완충 지대'로 작용하고 있다. 한국이 지정학적으로 중국과 일본 사이에 놓였다는 것은 커다란 리스크를 동반한다. 그러나 이를 전략적으로 활용해 네트워크상의 전략적 위치를 차지함으로써 주변 국가들 간의 관계에서 조화를 이룰 수 있다면, 대한민국은 제대로 된 중개자 역할로 구조적 공백을 메울 수 있다. 우리는 주변국의 주장에 일희일비하지 않고 냉철하게 공생의 길을 개척해 나아가도록 소프트 파워와 하드 파워를 모두 키워나가야 할 것이다.

2 혁신 시스템

. . . .

디지털 전환 시대, 알고리즘으로의 가치 혁신

요약문

1. 디지털 전환 시대의 핵심 경쟁력은 알고리즘과 데이터임.

1-1. 스마트폰이 보급되면서 디지털 플랫폼 개념이 등장함.

1-2. 2010년대 중반부터 인공지능, 블록체인이 실용화되면서 디지털 격변의 시대로 전환하고 있음.

2. 디지털 전환의 시대에는 산업과 기업의 핵심 경쟁력도 변화함.

2-1. 알고리즘과 데이터라는 디지털 자산이 핵심 자원으로 부상함.

2-2 디지털 기술의 확산에 따른 시장의 변화가 급속히 진행되면서 전통 기업

들도 사업 모델 혁신을 다각적으로 모색하고 있음.

3. 인공지능은 디지털 시대에 가장 중요한 도구임.

3-1. 고객 분석 타깃 마케팅, 스마트 공장 등 다양한 분야에 접목되고 있으며, 미국항공우주국에서는 인공지능을 접목한 인턴 봇을 실제 업무에 활용하고 있음.

4. 디지털 자산의 확보가 21세기 산업 경쟁력의 요체임.

4-1. 재산권의 개념도 디지털 자산으로 확장되고 있음.

4-2. 디지털 자산의 재산권 범위에 대한 개념을 명확히 정립하는 등 새로운 흐름에 맞춰 관련 논의를 확대해야 함.

디지털 전환 시대 핵심 경쟁력, 알고리즘과 데이터

글로벌 유통 시장의 최강자 아마존의 핵심 경쟁력은 고객별로 데이터를 분석하고 맞춤형으로 상품을 제안하는 역동적인 가격 책정 알고리즘이다. 구매 내역, 웹사이트 유입 경로, 활동 특성 등을 분석해 가격, 쿠폰, 사은품을 개인별 맞춤형으로 제안한다.

아마존은 경쟁자와의 격차를 확대하기 위해 알고리즘의 적용 범위를 더욱 확장하고 있다. 가령 2014년에는 '정원 용품을 식별하고 추천하는 기술' 특허를 취득했다. 소비자가 정원 사진을 보내면 이를 분석해서 적절한 재배 식물을 제안하는 서비스이다. 동시에 재배에 필요한 도구를 추천해준다. 소비자가 자신이 수확한 농작물 사진을 보내면 이를 분석해서 관련된 요리 레시피를 추천해준다. 그리고 여기에 필요한 식재료와 양념, 요리 도구를 구입할 것을 제안한다. 가격, 소비자 행동 분석, 라이프 분석 등으로 확장되는 이러한 알고리즘의 집합이 아마존의 경쟁력이다.

2011년에 설립된 스티치 픽스STICH FIX는 개인 맞춤형 의류 추천을 사업 모델로 한다. 고객이 선호하는 스타일, 사이즈, 예산 등을 입력하고 20달러를 지불하면 다섯 가지 의류와 장신구가 고객에게 배달된다. 고객은 그중에서 마음에 드는 아이템을 구매하고 나머지는 반송한다. 무엇이 배송될지도 모르는 상황에서 고객이 추천비를 선불로 내고 반송하는 불편함을 기꺼이 감수하는 이유는 마음에 드는 옷을 저렴한 가격에 얻을 수 있기 때문이다.

오프라인 매장에서 옷을 직접 입어보고 사거나 온라인 매장에서 이미지를 보고 구매하는 것보다 만족도가 높아 사업은 큰 성공을 거두었다. 레드오션 업종에서 창업 6년 만인 2017년 9억 8천만 달러 매출 규모로 성장했고, 2018년에는 고객이 무려 270만 명에 달해 매출 12억 3천만 달러, 순이익 4,500만 달러를 기록했다.

스티치 픽스는 '패션계의 넷플릭스'라고 불린다. 비디오 시장 모델이 오프라인 대여에서 온라인 스트리밍으로 전환되면서 급부상한 넷플릭스의 성공 요인 또한 시청자 맞춤형 추천 알고리즘이었다. 2012년 스티치 픽스는 넷플릭스 성공의 주역 에릭 콜슨을 영입해 정교한 알고리즘을 개발했다. 넷플릭스는 철저히 기계적 알고리즘을 기반으로 콘텐츠를 추천하는 반면, 스티치 픽스는 인공지능이 후보군을 선별하면 패션 디자이너가 추천 상품을 최종 결정한다. 정교한 데이터 분석과 인간의 숙련된 감각을 결합하는 협력 구조인 것이다.

인간과 기계가 협력하는 방식과 역량

샌프란시스코에 있는 컴퓨터 역사박물관 입구에는 '우리는 도구를 만들고, 다시 도구는 우리를 만든다We shape our tools, and then our tools shape us'라는 글귀가 있다. 이 말의 주인공은 캐나다 출신의 미디어 학자 마셜 매클루언이다. 그는 '자동차 바퀴는 발의 확장, 텔레비전은 눈의 확장, 의복은 피부의 확장, 전자 회로는 중추 신경계의 확장'이라고 해석했다. 이런 관점에서 본다면 현재는 '지능 확장'의 단계이다. 인공지능은 두뇌의 고급 영역인 추론과 판단 기능을 확장한다. 즉, 알고리즘의 중요성이 커질수록 데이터 구조를 설계하고 논리적 추론을 주도하는 역량과 인공지능과의 협업 능력이 중요해진다.

　인간과 기계의 협력이 얼마나 중요한지 보여주는 사례가 있다. 1997년 IBM이 만든 체스 컴퓨터 딥블루Deep Blue와 세계 체스 챔피언 카스파로프의 체스 대결에서 딥블루가 승리했다. 이후 체스의 인기가 떨어지자 2005년에는 인간과 기계가 팀을 이루는 프리스타일 방식이 도입되었다. 전문가들은 최정상급 프로 기사와 고성능 컴퓨터가 조합을 이룬 팀이 우승할 거라 예상했지만, 뚜껑을 열어보니 최종 우승은 가정용 컴퓨터 세 대를 이용한 아마추어 선수들에게로 돌아갔다.

이변의 원인은 인간과 기계가 협력하는 방식의 차이에 있었다. 데이터를 분석하는 컴퓨터의 성능과 인간의 창의적인 전략이 상승효과를 만드는 것이 핵심이었다. 카스파로프는 이러한 시너지 효과에 대해 이렇게 말했다. "컴퓨터는 모든 수에 대한 가능한 결과와 상대방의 응수를 탐색하는 반면, 인간은 전술적 계산에 시간을 소모하는 대신 전략적 차원의 생각에 몰두할 수 있었다. 이런 조건 아래서는 인간의 창의력이 가장 중요했다."

미국 MIT의 인공지능 전문가 앤드루 맥아피 교수는 '인간과 기계의 대결'이라는 관점에서 '인간과 기계의 협력'이라는 미래적 관점으로 전환해야 한다고 주장한다. 인공지능은 근본적으로 계산 기계로서 자아 의식이 없고 내면적 성찰도 불가능하다. 인간이 인공지능을 만든 것처럼 인공지능의 미래 또한 인간의 설계에 따라 구현될 것이다.

문명을 도구의 역사라는 관점에서 볼 때 미래에는 인공지능이라는 도구와 협력하는 능력이 중요해질 것이다. 미래 기업의 경쟁력은, 기계가 인간처럼 행동하도록 훈련하는 것 혹은 인간을 기계처럼 훈련시키는 것도 아닌 인간과 기계의 효과적인 협력 구조를 만드는 일이 될 것이다.

인턴 봇을 채용한 미국항공우주국

1969년 아폴로 11호의 달 탐사를 성공시킨 최첨단 기술의 본산 미국 항공우주국NASA에 2017년 5월 한 인턴이 입사했다. 업무 능력 검증 후 이메일 계정을 배정받아 실무에 투입된 인턴의 이름은 조지 워싱턴이었다. 서류 정리와 장부 작성 업무에서 높은 성과를 보인 토머스 제퍼슨도 추가로 채용되었다.

두 인턴의 공통점은 인간이 아니라 봇이라는 점이다. NASA는 한정된 예산을 효율적으로 사용하기 위한 방안으로 2016년 봇의 업무 적용성을 검토하기 시작했다. 콜센터 고객 상담에 활발하게 도입되었던 챗봇이 인공지능과 결합되어 다양하고 복잡하게 진화하는 추세를 주목한 것이다. 미래에 인간은 창의적이고 전략적인 업무에 집중하고, 봇이 반복적이고 정형화된 업무를 담당하는 분업 구조를 상정한 혁신 프로그램의 결과물이 바로 봇 인턴 채용이었다. 프로그램의 책임자인 마크 글로리오소는 "봇 인턴은 인간의 대체물이 아니라 인간을 지원하고 효율성을 높이는 도구로서 유용성이 입증되었다"고 평가했다.

NASA의 봇 인턴 사례는 인공지능의 방향성 논란에서 시장은 지능 확장Intelligence Augmented을 선택하고 있음을 보여준다. 초창기 인공지능 그룹은 만화 영화의 우주소년 아톰 같은 기계 인간이 우수한 능력으로 인간을 대체하리라 예견했다. 반면 지능 확장 그룹은 텔레비전 드라마 〈6백만 달러의 사나이〉에서처럼 인간의 능력을 확장하는 도구로서의 잠재력에 주목했다. 오늘날 '우주소년 아톰'의 출현은 아직 요원하지만 '6백만 달러의 사나이'는 다양하게 변용되어 실생활에 폭넓게 도입되고 있다. 챗봇이 전화 문의에 응대하고, 투자 봇이 펀드를 운영하며, 분석 봇은 애널리스트를 돕는다. 입출금 확인, 계약서 검토, 규정 준수 모니터링 등 정형적이고 반복적인 업무는 사무 봇Robotic Process Automation이 처리한다. 현실에서 인공지능은 지능 확장의 형태로 진화하고 있다.

전통 기업의 디지털 혁신 사례

1889년 미국 볼티모어에서 창립된 맥코믹McCormick & Company은 향신료 사업으로 성장했다. 우리나라 식품 매장에서도 맥코믹의 후추와 기타 제품을 쉽게 접할 수 있다. 21세기 들어 맥코믹도 디지털 트렌드를 수용해 사업 모델 혁신을 모색했으나 뾰족한 수가 없었다. 사업 모델에 대한 고민을 거듭하다, 개개인이 느끼는 맛 자체에 접근하자는 아이디어가 도출되었다. 넷플릭스와 아마존의 개인화된 추천 모델과 같은 접근 방식이었다.

먼저 120여 년간 향신료 사업을 하면서 축적된 식품의 맛과 향에 대한 데이터를 체계적으로 정리하고, 여기에 개인별 식습관과 선호하는 맛을 접목해 레시피와 식품을 추천하는 구조를 설계했다. 식품 전문가와 데이터 분석 전문가들로 팀을 이루어 이를 온라인 플랫폼 형태로 구체화했다. 소비자가 자신의 입맛과 관련한 20여 개의 퀴즈를 풀면 그에게 적합한 메뉴와 레시피를 추천하는 방식의 서비스를 선보였다. 또 소비자들은 자신이 즐기는 요리의 레시피를 플랫폼상에서 정확한 데이터로 확인하고 다른 사람들과도 공유할 수 있었다. 플랫폼 데이터를 활용한 새로운 레시피 개발도 가능했다.

B2C Business to Customer로 시작한 플랫폼은 의외로 B2B Business to Business 모델로 성장했다. 언제나 기존 레시피의 표준화와 새로운 레시피의 개발을 고민하는 레스토랑 셰프들이 플랫폼의 체계화된 데이터를 활용하면서, 맥코믹은 향신료 제품 제조업체가 아닌 입맛 데이터와 레시피 정보의 허브로 거듭나기 시작했다. 무엇보다 고객들의 입맛과 레시피 데이터가 플랫폼상에서 축적되는 점이 중요했다. 아날로그 시대에는 제품의 판매 데이터를 통해 획득한 간접적 정보를 분석했는데, 디지털 시대에는 플랫폼에 접속한 고객의 입맛과 레시피에 대한 직접적 정보를 확보할 수 있었기 때문이다. 이러한 정보가 향후 식품 및 향신료 분야에서 활용될 잠재력은 막대했다.

맛과 향신료의 결합에서 출발한 아이디어의 사업적 가능성을 확인한 맥코믹은 2014년 이를 비밴다Vivanda라는 회사로 분사하고 '플레이버프린트FlavorPrint'라는 브랜드를 론칭했다. 19세기부터 내려온 전형적인 아날로그 식품 회사가 맛과 음식 분야의 고객 가치를 추구하는 디지털 회사로 탈바꿈해 '식품업계의 넷플릭스'라는 별명까지 얻었다.

비슷한 사례로 우리나라의 세스코가 있다. 1976년 쥐와 해충 방제로 사업을 시작한 세스코는 전형적인 3D 업종인 단순 방제에 디지털 기술을 접목해 디바이스-네트워크-현장 서비스를 결합한 생활환경 위생 플랫폼 사업으로 진화하고 있다. 고객의 가정에 설치된 방제 기구들을 통합된 IT 인프라를 통해 실시간으로 모니터링하고 위급 상황에는 인력을 출동시켜 서비스를 제공한다. 쥐, 바퀴벌레 같은 유해 생물에서 박테리아, 바이러스, 미세먼지 등 생활공간에서의 모든 유해 요소까지 통합적으로 관리하는 비즈니스로 거듭나 해외로도 진출하고 있다.

디지털 자산 개념의 글로벌 확장과 사회적 권력 이동

디지털 시대에는 개인들이 국경을 초월해 연결되는 P2P Peer to Peer 질서가 형성된다. 블록체인 기술의 출현 이전에는 중앙의 서버를 통해서만 개인들이 연결될 수 있었고 그 때문에 중앙 관리자가 네트워크의 주도권을 가졌다. 그러나 분산된 개인들이 블록체인 기술로 상호 연결되어 자생적 질서를 형성하게 되었다. 디바이스와 네트워크가 고도화되면서 P2P는 추상적 개념의 수준에서 현실적 사업으로 등장하고 있다.

전자 상거래 분야인 P2P 장터 오픈바자OpenBazaar에서는 네트워크 참여자 간 거래가 비트코인으로 결제된다. 구매자와 판매자가 직접 연결되어 거래 비용을 대폭 절감할 수 있다. 음악 저작권 관리에도 2015년 설립된 우조뮤직UJOMusic은 블록체인 기술을 적용해 P2P 방식으로 수익을 투명하고 정확하게 산정하고 이더리움으로 분배한다.

금융에서는 물리적 연결고리가 전혀 없는 개인들이 자발적으로 모여들어 가치를 교환하는 암호화폐가 대표적이다. 1990년 미래학자 앨빈 토플러가《권력이동》에서 예견한 것처럼, 통화가 정보를 닮아가면서 상징 체계의 즉시적 전달과 보급에 의존하는 초기호 경제super-symbolic economy의 시대가 도래했다. 실물이 농업사회 '제1물결', 지폐가 산업사회 '제2 물결'을 상징했고, 정보사회에서는 '제3 물결'의 상징으로 디자이너 통화가 출현하리라는 예측이 암호화폐의 형태로 나타난 것이다. ICO Initial Coin Offering는 이를 기반으로 한 자금 조달 방식으로, 참가자 생태계의 역동성이 그 특징이다.

아날로그 시대의 주식·채권 조달 구조는 플랫폼 사업의 초창기부터 제품과 서비스를 사용하면서 성공의 기반이 되어준 참가자들에게 보상이 돌아가지 않게 돼 있다. 그러나 ICO는 플랫폼에 참여함으로써 가치를 높이는 다양한 공헌자들에게 코인으로 보상한다. 예컨대 우버의 성공에 기여도가 높은 사업 초기의 운전자와 고객들에게 코인을 배분하고 성장의 과실을 나누는 개념이다. 또 스타트업은 벤처 캐피털에게 지분을 양도하지 않고 잠재 소비자를 확보함과 동시에 투자금을 조달할 수 있다는 장점이 있다.

P2P 확산은 사회적 권력의 이동으로 이어진다. 인간 세계의 질서를 움직이는 권력의 원천은 물리력, 부, 지식이다. 정보화 시대의 특

징은 네트워크를 통한 광범위한 지식의 이전으로 권력이 급속히 이동한다는 것이다. 예를 들면 20세기 중반 제조기업들이 누리던 주도권은 바코드로 수집된 고객들의 구매 데이터를 활용하는 유통기업으로 넘어갔다. 미디어 분야에서는 유튜브 같은 동영상 플랫폼에서 활동하는 개인들 가운데 아날로그 시대의 메이저 언론사보다 더 많은 구독자를 지닌 경우가 속출하고 있다. 소셜미디어에서도 페이스북, 트위터에서 활동하는 일부 개인들은 메이저 언론사의 간판 기자보다 더 큰 사회적 영향력을 행사한다.

이러한 권력 이동의 관점에서 암호화폐의 출현은 국제기구, 국가, 중앙은행 같은 기존 권력의 개입이 없이 형성된 민간인들의 자생적 네트워크로서 글로벌 차원에서 탈중앙 통화 질서가 수립된 문명사적 사건이다. 기존 체제의 어떠한 기관도 가치를 보증하지 않으며 시스템을 운영하는 허브도 없는 분산형 네트워크 암호화폐에 전 세계 투자자들이 거래에 참여하며 시장에서 시세가 형성된다. 이는 중앙집중형 아날로그 질서가 종언을 고하고 탈중앙 디지털 신질서가 수립되는 전환기를 상징한다.

디지털 자산의 확보가 21세기 산업 경쟁력의 요체

남북전쟁을 승리로 이끌고 노예 해방이라는 업적으로 존경받는 링컨 대통령은 미국 역사상 유일하게 특허를 보유한 대통령이기도 하다. 그는 1849년 5월 22일 배를 강변에 접안할 때 사용하는 장치인 벨로우즈에 대한 특허를 취득했다. 정치에 입문하기 전 변호사 시절에 특허 업무를 다룬 경험으로 지식재산권에 일찍 눈을 뜬 덕분이었다. 미국 특허청 입구에 새겨진 그의 말은 후세에 교훈을 남기고 있다. '미국의 특허 시스템은 새롭고 유용한 제품을 발명하고 만드는 천재들에게 불을 붙인다.'

변두리 식민지였던 미국이 단기간에 강대국으로 성장한 비결은 영국에서 이식된 특허 제도를 통해 지식에 기반한 혁신 생태계를 구축한 데 있다. 영국은 1624년 특허 제도를 도입해 아이디어를 보호하기 시작했다. 1769년 제임스 와트가 증기기관으로 특허를 얻어 부와 명예를 얻자 이를 본 발명가들이 유럽 전역으로부터 몰려들었고, 본격적으로 산업혁명이 진행되었다.

영국의 특허 제도는 르네상스 시대의 해상강국 베네치아가 연원이다. 베네치아는 1474년 역사상 최초의 특허를 승인했고 조선과 항해술에 관련된 기술 혁신을 주도했다. 베네치아 국영 조선소는 산업혁명 이전까지 유럽 최대의 단일 생산 시설이었다. 오늘날에도 사용하는 복식부기가 이때 발명되었으며 해상법, 계약법을 정비했고 환어음, 장기국채 등 근대 금융 제도의 토대를 닦았다. 이러한 배경에서 무형의 지식과 경험에 재산권을 부여하는 특허 개념이 창안되었다. 근대 이후에 특허의 도입과 국가의 발전은 상관관계를 갖는다. 경제와 산업의 발달은 재산권 개념의 확장과 궤를 같이하기 때문이다.

원시 시대에는 재산권 개념이 없었으나 농경과 정착생활이 시작되면서 토지, 농기구, 수리시설 등 유형자산에 대한 소유 개념이 정립되었다. 현대인은 무형자산에도 재산권을 부여하고 수입을 창출한다. 재산권의 개념은 특허, 기술, 브랜드와 같은 전통적 기업 자산에서 저작권, 초상권, 아이디어, 이야기, 이미지 등 개인적 차원의 다양한 무형자산으로 확장되었다.

데이터와 알고리즘의 중요성이 높아지는 디지털 전환의 시대에는 재산권의 개념 역시 디지털 자산으로 확장된다. 현재 개인 데이터는 플랫폼 서비스의 이용 대가로 간주되어 약관에 따른 동의 절차를 거쳐 무료로 사용되고 있다. 그러나 데이터의 중요성이 높아지면서 개인 데이터의 소유권에 대한 논의가 활발해지고 있다. 앞으로는 데이터를 활용해 만든 알고리즘도 재산권의 보호 대상이 되어야하는지에 대해 논의가 확대될 것이다.

이런 배경에서 기업들은 디지털 자산의 재산권 범위에 대한 개념을 정립하고 법률적으로 명확히 정의하며, 미래 핵심 자산이라는 관점에서 디지털 자산을 발굴하고 확장해야 한다. 개인적 차원에서도 마찬가지이다. 재산권으로서 데이터와 알고리즘이 가지는 잠재력을 이해하고 사업적 가능성에 주목해야 한다. 나아가 정책 당국은 재산권의 범위를 디지털 자산으로 확대하는 현실적 방안을 국제적 흐름에 맞추어 적기에 수립하고 시행해야 한다.

연구개발 전략 혁신: 규제와 통제에서 개방과 소통으로

요약문

1. 초연결·지능화 사회가 도래하면서 산업 구조의 대변혁이 요구됨.

1-1. 제조업의 서비스화, 플랫폼 경제의 부상 등 산업 전 분야의 패러다임이 변화하고 있음.

1-2. 지식재산권은 초연결 및 지능화 사회에서 중요성이 증대하고 있으며, 지식재산에 권리를 부여하고 보호하는 기준의 변화가 요구되고 있음.

2. '코리아 패러독스' 극복을 통해 창의적 연구 환경을 조성해야 함.

2-1. 우리나라 연구개발 투자액은 지속적으로 증가해 세계적인 수준이나, 정부 투자 대비 기술료 수입은 세계 최저 수준이며 기술 무역도 적자 상태임. 투자 대비 성과가 낮다는 '코리아 패러독스' 극복을 위해서는 창의적인 연구에 도전할 수 있는 연구 환경이 필요함.

2-2. 정부의 과학기술 혁신 시스템이 규제와 통제 중심에서 벗어나 개방과 소통으로 나아갈 수 있도록 시스템을 전환해야 함.

2-3. 상향식 거버넌스로의 전환, 혁신적 연구 성과에 대한 인센티브 강화, 실패를 용인하는 제도와 문화 구축 등이 필요함.

3. 아이디어를 창작하는 양상도 변화하고 있음. 이러한 초연결 및 지능화 사회에서 산업 활동을 촉진하기 위해서는 기존의 배타적 권리 부여에서 개방형 지식재산 전략으로 관점을 전환할 필요가 있음.

산업 구조의 대변혁을 요구하는 초연결·지능화 사회

2005년 레이 커즈와일이 《특이점이 온다》를 펴냈을 당시, 이 책은 많은 미래학자의 예언서 중 하나로만 여겨졌다. 특이점에 도달하면 모든 인류의 지성을 합친 것보다 더 뛰어난 초인공지능이 출현한다는 전망은 일반인들에게 와닿지 않는 먼 미래의 이야기일 뿐이었다. 하지만 인공지능, 빅데이터, 사물인터넷 등의 기술 발전으로 대변되는 4차 산업혁명의 등장으로 인해 특이점은 먼 미래의 이야기가 아니라 현실이 되고 있다.

커즈와일이 보통의 사람들과 달랐던 점은 기술 발전의 속도가 선형적이지 않고 기하급수적이라는 것을 이해했다는 데 있다. 기술 발전의 지수·함수적 성장은 마이크로칩에 저장할 수 있는 트랜지스터 개수가 18개월마다 두 배씩 증가한다는 '무어의 법칙'뿐만 아니라 사람과 사람, 사람과 사물, 사물과 사물 간의 네트워크 연결이 폭발적으로 증가하고 있는 데서도 잘 드러난다.

2017년 맥킨지 보고서에 따르면 25억 명이 이메일 계정을 가지고 있으며 하루에 2천억 개의 이메일이 교환된다. 또한 글로벌 데이터 흐름은 과거 10년 동안의 흐름보다 50배나 빠른 속도로 증가하고 있다. 2018년에 100억 개로 추산되는 사물인터넷 기기의 수는 2025년에 416억 개로 증가하고 79.4제타바이트의 데이터를 생성할 것으로 보인다.

인공지능, 빅데이터, 사물인터넷 등을 활용한 초연결·지능화 사회는 이미 시작되었고 산업 구조의 대변혁을 초래하고 있다. 디지털 기술과 결합한 제조업은 맞춤형 소량 생산, 스마트공장 등 제조 공정 혁신과 서비스화를 통해 패러다임 변화를 경험하고 있다.

항공기 엔진, 발전 설비 등을 생산하는 미국의 제너럴일렉트릭GE은 제품의 유지, 관리, 컨설팅, 금융 등 통합 서비스를 제공함으로써 많은 이익을 창출한다. 기획, 연구개발, 제조, 마케팅, 판매에 이르는 제조업 가치사슬 전반에 큰 변화를 가져오고 있으며 산업 간의 경계를 무너뜨리고 있다.

과거에 다국적 기업들은 인건비가 저렴한 중국 등 아시아 국가로 생산 시설을 이전하고 모기업은 연구개발, 마케팅, 판매에 집중했으나, 최근에는 제조 부분이 디지털 기술과 결합되어 높은 부가가치를 창출하면 제조 시설이 본국으로 이전되는 리쇼어링reshoring 현상도 일어나고 있다. 자동차 산업은 더 이상 전통적인 기계 산업이 아니라 전자 장치가 원가의 40%를 차지하는 전자 산업으로 변하고 있다.

또한 디지털 네트워크를 기반으로 상품 및 서비스의 공급자와 수요자를 연결하는 플랫폼 경제의 확산으로 페이스북, 구글, 아마존 등이 경제 활동의 주역으로 등장하고 있다. 디지털 기술을 바탕으로 승자독식 현상을 주도하는 플랫폼 경제는 전통적인 산업 경제와는 전혀 다른 방식으로 작동한다. 네트워크 효과로 독점력이 강화된 플랫폼은 가치 창출과 확보가 모두 용이해지고 지배력을 굳건히 할 수 있다. 물론 경쟁자도 동일한 방식으로 성장할 수 있어 네트워크가 약화된 플랫폼은 경쟁에서 쉽게 밀려날 수 있다. 기술 혁신에서 뒤처질 때 선도 기업도 쉽게 시장에서 밀려날 수 있다는 얘기이다.

　이러한 초연결·지능화 사회가 확장되는 가운데, 지식재산권의 중요성은 더욱 증대하고 있으며 지식재산에 권리를 부여하고 보호하는 기준의 변화가 요구되고 있다. 새로운 아이디어 및 기술을 특허로 보유한 스타트업은 그렇지 못한 스타트업과 비교해 성장이 훨씬 빠르다. 전미경제연구소NBER에 따르면 관련 기술 영역에서 최초로 특허 출원을 등록한 스타트업은 그렇지 못한 스타트업에 비해 5년간 평균 고용과 매출이 각각 55%와 80% 증가했다.

　글로벌 기업들은 경쟁자들보다 한발 앞서 나가기 위해 신산업 분야에 뛰어들고 지식재산권 확보를 위해 치열한 경쟁을 벌이고 있다. 초연결·지능화 사회에서는 권리자, 권리 대상 등 지식재산권 부여에 있어 불확실성과 모호성이 높아진다. 사람과 사람, 사람과 사물, 가상과 현실이 연결되어 만들어내는 다양한 결과물들을 기존의 배타적 권리 부여 관점의 지식재산권으로 보호할 수 있는가에 대한 새로운 질문이 제기되는 까닭이다.

코리아 패러독스

2019년도 정부 연구개발 투자액은 20조 원을 넘었으며 2020년도에는 24조 원에 이를 전망이다. 2017년 기준으로 민간을 포함한 국가 전체 연구개발비 규모는 69.7억 달러로 국내총생산 대비 4.55%

이며 OECD 국가 중 최고 수준으로 성장했다.

이처럼 높은 연구개발 투자에도 불구하고 성과는 높지 않다는 지적이 많다. 정부 연구개발 투자 대비 기술료 수입은 세계 최저 수준이며, 기술 무역은 적자를 면하지 못하는 상황이다. 세계 최대 수준으로 예산을 투입하고도 경제적 성과가 없는 것은 연구자 집단이 기술 혁신보다는 손쉬운 연구 프로젝트 따기에 급급한 이익집단으로 전락했기 때문이다. '코리아 패러독스'라는 말이 자주 언급되는 이유이다.

투자 대비 낮은 성과에 대해 비판적인 사람들은 이미 충분한 규모의 투자가 이뤄지고 있으니 이제는 양적 성장에서 벗어나 질적 성장에 초점을 맞추어야 한다고 주장한다. 다른 한편에서는 전체 투자비 중 공공 부문 연구비는 25%에 불과해 대학, 정부출연연구소 등의 연구개발 예산이 여전히 부족한 상태라고 반박한다. 또한 연구개발을 통한 경제적 성과도 중요하지만 간접적 성과인 기술 파급효과도 고려해야 한다는 견해도 있다. 정부 연구개발 투자는 당장의 경제적 성과로 나오기보다는 시간의 경과와 함께 축적된 지식이 새로운 제품과 서비스 출현의 매개체 역할을 하기 때문이다.

정부의 연구개발 예산 규모 및 성과에 대해 상반된 의견이 나오고 있지만, 코리아 패러독스 극복을 위해서는 정부가 양적 성과에서 벗어나 연구자가 위험을 무릅쓰고 창의적인 연구에 도전할 수 있는 환경을 마련해야 한다는 데는 모두가 동의하고 있다. 기술 개발의 위험성으로 인해 기업이 투자하기 힘든 시장 실패 영역에서 정부의 투자는 절대적으로 필요하며, 실패와 경험을 통해서 혁신 역량을 축적할 수 있도록 기다려주는 것이 요구된다.

MEMS(미세전자기계시스템) 분야의 세계적인 연구자로 호암상을 받은 캘리포니아 대학의 김창진 교수는 미국 중소기업 혁신 지원 프로그램SBIR 등을 통해 일곱 번 창업을 시도하고 많은 실패를 경험했지만 한 번도 회계 감사를 받지 않았다고 한다. 이처럼 실패를 용인하는 분위기 속에서 그는 '나노 및 마이크로 스케일에서 액체의 표면장력'이라는 하나의 주제에 대해 지속적인 관심과 노력을 기울일 수 있었다.

혁신의 아이콘으로 칭송받는 아이팟과 아이폰의 터치스크린 역시 미국의 국립과학재단과 중앙정보국의 지원을 받은 교수와 대학원생이 개발한 멀티터치 스크롤링과 제스처 인식 시스템을 기반으로 한다. 구글 지도, 윈도우, 자율주행차 등도 미국의 방위고등연구계획국DARPA 연구 성과에 기반을 두고 있다.

기술 개발은 항상 불확실성을 내포한다. 의도했던 목표를 이루지 못했어도 그것이 곧 실패는 아니다. 목표를 달성하지 못했어도 새로운 지식을 발견해 이후에 수행할 많은 프로젝트에 큰 도움을 줄 수 있기 때문이다. 실패를 용인하지 않는 환경에서 연구자는 성공에 집착하게 되고 도전적이고 창의적인 연구는 수행할 엄두도 내지 못한다. 이러한 환경이 바뀌지 않으면 코리아 패러독스는 사라지지 않을 것이다.

기존 시스템의 혁신적 변화

산업화 시대의 하향식 추격형 연구개발 시스템은 선진국을 따라잡기에는 적절한 방안이었으나, 혁신적 아이디어가 중요한 4차 산업혁명 시대에는 한계에 봉착하고 있다. 산업화 시대에는 기술의 발전이 빠르지 않았기 때문에 미리 개발하지 않더라도 충분히 선진국을 따라잡을 시간적 여유가 있었다. 전화기가 발명되고 미국 전체 인구의 25%가 전화기를 사용하기까지 40년 가까운 세월이 걸렸지만, 인터넷과 스마트폰은 인구의 25%가 사용하는 데 10년도 채 걸리지 않았다. 기술 발전의 속도가 빨라져 선제적 대응을 하지 않으면 살아남기 어려워지고 있다.

과거에는 과기부, 산업부, 복지부 등 부처별 역할이 구분되었고, 이들과 관계된 소수의 연구자에 의한 하향식 연구개발 정책이 효율적이었다. 하지만 창의적 사고와 협력이 중요한 융복합 시대에도 부처별 역할 구분을 계속 적용하려니 문제가 발생하고 있다. 하향식 연구개발 정책은 대학, 정부출연연구소, 기업 등 수많은 연구 조직이 복잡하게 구성된 시스템에서는 불가능하다. 하향식 연구개발 정책은 대다수 연구자의 수요를 반영하지 못하고 단기간의 성과만을 고려할 가능성이 크다.

PBS Project Base System 제도나 평가 제도 등 부분적인 제도 개선만으로는 4차 산업혁명이라는 거대한 변화에 대응할 수 없다. 미봉책이 아닌 전면적인 연구개발 혁신 시스템의 변화가 필요하다. 실질적 변화를 위해서는 기존과는 다른 시각과 접근법이 요구된다.

상향식 거버넌스로의 전환

우리나라의 연구개발는 이미 규모 면에서는 세계적인 수준이며 복잡하게 얽혀 있는 산학연의 거대한 연구 조직을 가지고 있다. 2017년 기준으로 대학, 기업, 정부출연연구소 등에 종사하는 상근 연구원만 38만 명을 넘었으며, 경제 활동 인구 1천 명당 상근 연구원 수는 13.9명으로 주요국 중 가장 높은 수준이다. 연구 단계별로 살펴보면 개발 연구의 투자 비중이 61.5%(2016년)로 높은 상황이다. 민간 연구개발에서 개발 연구 비중이 70%에 이르고 정부 연구개발도 개발 연구 비중이 47.4%(2017년)로 높아 민간과 중복 투자가 우려된다.

연구 수행 주체별 정부 연구개발 사업 집행액을 살펴보면 2017년 기준 정부출연연구소를 포함한 연구소가 45.8%를, 대학과 기업은 각각 22.7%, 23.4%를 차지했다. 특히 정부출연연구소는 예산의 약 25%를 사용하면서도 원천성도 부족하고 상용화도 안 되는 연구 결과를 양산하고 있다. 투자 대비 성과가 낮은 문제가 계속해서 제기되는 이유이다.

혹자는 이러한 문제점을 해소하기 위해 정부출연연구소의 PBS 비중을 낮추는 것이 필요하다고 지적한다. 맞는 말이다. 하지만 정부출연연구소에서 기관 설립 목적에 부합하는 연구를 수행할 수 있게 하려면 자율적인 예산 편성 및 정원 관리의 허용이 전제되어야 그 효과를 발휘할 수 있다. 정부출연연구소가 자유롭고 창의적인 연구를 수행하기 위해서는 정부의 직접적인 관할 방식은 적합하지 않다는 문제 인식에 따라, 연구회라는 중간 조직을 설치해 정부출연연구소의 전문성을 강화하고 전략적인 육성을 추진하고 있다. 하지만 연구회는 법률상 정부출연연구소를 지도하고 관리하는 기관임에도 불구하고 기관에 대한 예산권이 없으며, 연구회 이사회는 정부의 영향력 아래 있어 독립성과 자율성이 보장되기 어렵다. 연구회와 산하 정부출연연구소가 자율적인 예산 편성 권한을 가지고 목적에 맞는 연구를 자율적으로 수행할 수 있도록 거버넌스의 개편이 필요하다.

현재 우리의 과학기술 혁신 시스템은 기술 변화를 선도할 만큼 역량을 갖추고 있지 못하다. 4차 산업혁명에 대응하기 위해서는 정부의 과학기술 혁신 시스템이 규제와 통제 중심에서 벗어나 개방과 소통으로 나아가야 한다. 이는 단순한 행정 시스템의 개편이 아니라 권한과 책임을 아래로 내리는 근본적인 변화를 포함해야 한다.

물론 정부 주도의 하향식 연구개발이 필요할 때가 있다. 공공성이 강하거나 미래에 중요한 연구 분야이지만 불확실성이 커서 민간 기업이 투자를 주저하는 경우에는 정부가 전략적 방향을 제시하고 연구개발 예산을 집중할 필요가 있다. 하지만 이런 노력도 자율성에 기초를 둔 상향식 연구가 뿌리를 내리고 있을 때 의미가 있다.

정부는 장기적 전망을 바탕으로 큰 방향을 제시하고 다양한 연구 주체가 자율성을 가지고 연구를 수행하는 균형이 이뤄져야 한다.

창의적이고 도전적인 연구개발 추진

산업부는 산업 난제 해결을 위해 '알키미스트 프로젝트'를 시작했다. 알키미스트 프로젝트에서는 '1분 충전 600킬로미터 주행 전기차', '100미터 7초 주파 로봇슈트', '투명한 태양전지' 등과 같이 산업의 판도를 바꿀 만한 미래 기술을 본격 개발할 예정이다. 이 프로젝트의 가장 큰 특징은 기존 연구개발과 차별화된 평가 및 관리 방식을 도입한다는 것이다.

연구개발 프로젝트에는 항상 불확실성이 내포되어 있다. 연구개발 기획의 완결성을 통해 불확실성을 줄일 수는 있겠지만 완전히 없앨 수는 없다. 또한 연구개발 프로젝트가 원래 의도한 목표를 달성하지 못한 것이 실패를 의미하지도 않는다. 하지만 실제 연구개발 성과 평가에서는 책임성이 강조되다보니 여전히 기계적 양적 평가가 주를 이룬다. 대다수 연구자는 연구개발 프로젝트가 목표를 달성하지 못했을 때 무능력한 연구자로 낙인이 찍히거나 새로운 과제를 받기 어려워지니 달성이 용이한 목표치만을 제안서에 포함한다. 정부가 자금을 지원하는 연구개발 프로젝트의 목표 달성률이 90% 이상이라는 수치가 바로 우리나라 연구 환경을 방증하는 것이다. 창의적인 연구가 어려운 조건 속에서 연구자들에게 창의적인 연구 성과를 독려하는 것은 응답 없는 메아리가 될 것이다.

단기적인 성과 위주의 정책에서 벗어나 창의적이고 도전적인 연구를 촉진하기 위해서는 논문이나 보고서 수와 같은 양적 지표 기반의 성과 평가를 지양하고 혁신적 연구 성과에 대한 인센티브를 강화해 확실한 동기 부여를 해야 한다. 제재보다는 보상 위주의 성과 평가로 전환되어야 한다. 또 연구개발 프로젝트를 수행하는 연구자들에게 예산 운영에 더 많은 자율성을 부여해야 한다. 불법적 예산 사용에 대한 감시는 정부의 중요한 역할이지만, 이를 위해 모든 연구자를 잠재적인 범죄자로 취급해 예산 사용 내역 제출을 강화하고 예산 항목 하나하나에 제한을 가하고 연구 분위기를 해친다면 빈대 잡으려다 초가삼간 태우는 우를 범하는 격이 된다. 혹시 일어날 수도 있는 부정행위나 공금 유용 등에 대해 처벌을 강화해 자율성만큼 책임을 무겁게 물으면 된다.

또한 실패를 용인하는 제도와 문화를 구축하는 것도 중요하다. 2019년 노벨 화학상을 받은 일본의 요시노 아키라 박사는 "새로운 것을 만들어내기 위해선 쓸 데 없어 보이는 일을 많이 하는 것이 중요하다"고 말했다. 당장 눈앞에 보이는 성과보다는 장기간에 걸쳐 도전적이고 창의적인 연구가 가능한 환경을 만드는 것이 무엇보다 필요하다는 이야기이다. 매년 노벨상이 발표되는 시기가 되면 국내 언론은 과학기술 분야에서 노벨상 수상자가 나오지 않는 우리나라 과학기술의 문제점을 지적하고 정부는 대책을 수립하느라 바쁘다. 하지만 노벨상 수상은 창의적이고 도전적인 연구를 추진하는 과정에서 자연스럽게 나오는 것이지 인위적으로 특정 연구자에게 연구개발 예산을 집중시킨다고 해서 나오는 것이 아니다. 소수의 특정 연구자가 아니라 국가 전체의 연구 역량을 높이기 위해서도 이에 걸맞는 환경을 조성하는 것이 먼저이다.

아이디어가 보상받는 사회

일본의 수출 규제 조치에 대응해 정부는 소재·부품·장비 산업에 대한 경쟁력 강화를 위한 종합 대책을 마련하고 있으며, 2020년 예산에 2조 1천억 원 규모의 소재·부품·장비 산업의 지원 예산을 편성했다.

소재·부품·장비 산업의 일본 의존성은 어제오늘의 일이 아니다. 전체 특허 무역수지는 2014년에 37.7억 달러 적자에서 2018년에는 16.5억 달러 적자로 적자 규모가 51% 감소했지만, 대일 적자는 2015년 2.7억 달러에서 2018년 4.7억 달러로 74.1%나 증가했다. 이러한 적자의 대부분은 소재·부품 분야가 차지하고 있다.

비용 절감과 기술 경쟁력 유지를 위해 해외 수입에 의존하는 국내 대기업에 기술 경쟁력이 없는 국내 중소기업의 소재, 부품, 장비를 사용하라고 강요할 수는 없다. 하지만 보호무역의 확대로 글로벌 가치사슬에서 불확실성이 증가하고 있는 때에 대기업이 중소기업의 기술 경쟁력 약화의 책임에서 자유로운 것은 아니다. 중소기업은 대기업에 종속되다보니 고객사를 다변화해 새로운 시장을 개척할 수 없고 중소기업끼리 긴밀한 생태계를 형성할 수도 없어 기술 개발에 뒤처지게 되었다. 더욱 문제가 되는 것은 대기업이 하도급 관계에 있는 중소기업의 아이디어나 기술을 무단으로 도용해 중소기업의 생존을 위협한다는 사실이다. 따라서 이를 방지하도록 제도적 보완도 필요하다.

한편 초연결 및 지능화 사회에서는 아이디어를 창작하는 양상이 과거와는 완전히 달라질 것이다. 인공지능, 빅데이터 등을 활용한 아이디어 창출은 기존 특허법에서 해결할 수 없는 새로운 문제들을 가져올 것이다. 가령 국내에서도 이미 인공지능이 음악을 만드는 서비스가 시작되었다. 그러나 현행 특허법은 발명의 주체를 인간으로 상정하고 있어 인공지능의 창작물에 대한 저작권 보호가 어려운 상황이다. 물론 인공지능에도 법인격legal personality을 부여하는 법 개념의 대전환이 선행되어야 하겠지만, 'AI 창작권'에 대한 논의가 필요해지는 이유이다. 또 인공지능을 활용해 기존 데이터로부터 새로운 아이디어를 창출했다면 인공지능 활용자, 기존 데이터 권리자, 알고리즘 개발자 사이에 권리 배분 문제가 발생할 수 있다.

미래에는 사람과 사람, 사람과 사물, 사물과 사물이 가상과 현실에서 연결되어 수많은 결과물을 만들어낼 것이다. 이러한 사회에서 산업 활동을 촉진하려면 기존의 배타적 권리 부여 관점의 연구개발 보호를 어떻게 변화시켜야 하는지에 대한 논의가 심층적으로 이어져야 한다. 특히 인공지능과 빅데이터 같은 신기술 기반의 스타트업 성장을 촉진하기 위해서는 기존의 경쟁적 연구개발 전략에서 벗어나 개방적 연구개발 전략으로 관점을 전환할 필요도 있다.

3 합의 시스템

. . . .

사회적 타협과 변화: 포지티브 규제를 넘어

요약문

1. 기술의 발전은 새로운 발전 패러다임을 요구함.

2. 지금 요구되는 새로운 패러다임은 전면적인 혁신임.

2-1. 혁신은 비용을 요구하는 '전환의 계곡'에 비유할 수 있음.

2-2. 아이디어와 잠재력을 갖추고 퍼스트 펭귄이 되고자 하는 사람들이 혁신적 시도를 주저하지 않도록 하는 사회적 구조가 필요함.

2-3. 새로운 사회 구조는 경제적 제도, 복지·조세·재정 정책 등에서의 근본적 변화와 이를 가능하게 하는 정치적 결단을 요구함.

2-4. 이러한 혁신의 조건이 마련되기 위해서는 사회적 타협과 신뢰가 바탕이 되어야 함.

3. 정치·경제·사회 분야에 사회 구조적 장애물들이 산적해 있음.

3-1. 정치적 장애물은 '이념적 양극화'와 '책임 정치의 붕괴', '대의제의 위기' 등임.

3-2. 경제적 장애물은 '소득과 자산의 양극화', '노동시장의 이중 구조' 등임.

3-3. 사회적 장애물로는 '젠더 갈등'과 '세대 갈등'이 새로운 문제로 떠오르고 있음.

4. 기득권을 유지시켜주는 규제 행정, 교육 제도가 실질적 장애물임.

4-1. 포지티브 규제는 현재 독점적 지위를 가진 자들에게 유리함.

4-2. 경직된 행정 체계와 구역, 관료 충원 제도, 행정 시스템은 100년 동안 거의 변화가 없었음.

4-3. 교육 제도는 시험만능주의에 빠져 인적자원을 효율적으로 공급하지 못하고 있음.

5. 혁신을 위한 타협과 신뢰는 정치와 경제 부문의 개혁에서 시작됨.

5-1. 정치 분야에서는 선거 제도와 권력 구조의 개편이 요구됨.

5-2. 경제 분야에서는 실패에 대한 안전망 확보와 이중적 노동시장의 문제 해결이 필요함.

6. 사회적 신뢰가 있어야 대화와 혁신적 전환이 가능함.

혁신에 타협과 신뢰가 필요한 이유

지금까지 한국의 경제 발전 패러다임은 크게 두 가지로 구성되었다. 첫째는 외부적 요인으로, 냉전 구도 속에서 미국에 의존해 국방비 부담을 덜고 경제적으로는 자유주의 국가 간 분업 시스템에 편입되는 것이었다. 둘째는 내부적 요인으로, 경제 발전에 대한 국민의 의지와 노력, 국가 주도의 경제 계획 및 집행, 효율적인 투자와 규모의 경제를 가능하게 한 대기업 집단의 성장 등으로 압축된다.

그러나 이러한 패러다임은 한계에 봉착했음을 우리는 다차원적으로 목도하고 있다. 이제 4차 산업혁명 시대에 부합하는 새 패러다임이 필요한 시점이다. 이러한 전환의 시점에서 필요한 것은 창의적 혁신이다. 기술, 금융, 인적자원, 창업 생태계, 거래 관행, 리더십 등에서 20세기에 통하던 방식에 대해 미련을 버리고 전면적인 변화를 시도해야 한다.

이러한 변화는 경제 주체들만의 노력으로는 이뤄질 수 없다. 사회 전체가 동참할 때에야 변화가 가능하다. 이를 위해서는 기본적으로 '포용적 제도inclusive institutions'가 준비돼야 한다. 포용적 제도를 갖춘 사회는 실패 부담을 줄이고 상상력을 실현할 수 있는 토대를 마련해준다. 국가와 사회가 이러한 변화를 이끌면 될 것 같지만 그것이 생각처럼 쉽지는 않다. 혁신은 기존 것의 변화, 새로운 것의 창조를 의미하는 동시에 더 이상 새로워질 수 없는 것의 소멸을 동반하기 때문이다. 그런 의미에서 혁신은 '전환의 계곡valley of transition'이라고 할 수 있다.

경제적 의미에서 혁신은 경제 성장 그래프에서 완만하게 올라가는 상승곡선의 기울기를 다시 가파르게 만드는 것이지만, 사회적 측면에서는 일시적으로 하강곡선을 감수하는 일이다. 한 단계 더 도약하기 위해서는 사회 경제적 비용을 치러야 한다. 그런데 문제는 모두 혁신의 결과를 누리려고만 할 뿐 그 비용은 감수하지 않으려고 한다는 것이다. 결국 책임지는 주체가 없으면 혁신은 이뤄지지 못한다. 어느 시점에 성장은 멈출 수밖에 없다.

혁신을 상징하는 말로 '퍼스트 펭귄'이 있다. 퍼스트 펭귄은 모험심이 많은 한 사람을 영웅시하거나 그가 선구자로서 더 많은 이익을 가져간다는 점을 강조하는 것이 아니다. 랜디 포시 교수가《마지막 강의》에서 퍼스트 펭귄 개념을 통해 말하고자 했던 것은, 꼭 필요한 행동과 실천을 모두가 주저하고 있을 때 한 사람의 용기 있고 비범한 행동이 조직 전체에 자극을 줘 그 결과가 공동선으로 이어진다는 점이었다.

한 펭귄이 범고래가 있을지도 모르는 바다로 뛰어든 것은 우연일수도 있고, 실수였거나 뒤에서 미는 힘을 버티지 못한 탓일 수도 있다. 하지만 원인과 동기가 중요한 것이 아니다. 그 펭귄이 속한 집단전체, 혹은 펭귄이라는 종의 관점에서 볼 때 물에 뛰어드는 행동이대단히 합리적이고 필요하다는 점이 중요하다. 물에 뛰어드는 펭귄이 한 마리도 없다면 펭귄이라는 종은 사멸하고말 것이다.

퍼스트 펭귄이 되고자 하는 사람들이 혁신적 시도를 주저하지 않도록 하는 사회 구조가 필요하다. 그러한 구조와 조건이 갖추어지지 않은 상태에서는 퍼스트 펭귄이 나타나기 어렵다. 이 새로운 사회 구조는 경제 체제의 변화, 복지 제도의 근본적 재정립, 조세 및 재정 정책의 변화는 물론 담대한 정치적 결단과 이를 뒷받침하는 유권자의 지지가 있어야 수립될 수 있다. 혁신의 과정에서 구성원 간의 타협과 신뢰가 필요한 이유이다. 그러한 사회적 타협과 신뢰를 만들어 내지 못하면 우리는 '공유지의 비극'을 피하지 못한다. 각각의 입장에서는 '합리적' 선택을 하지만 사회 전체적으로는 '합당한' 선택이 되지 못하는 것이다. 사회와 경제라는 공유지는 폐허가 되어 구성원들이 이주를 강요당하거나, 이주하지 못하는 경우 먹을 것이 없어져 점차 소멸하게 된다.

이러한 비극을 피하기 위해서는 이주할 수 없는 사람들이나 이주하고 싶지 않은 사람들이 목소리를 내야 한다. 국가, 사회, 경제, 공동체와 같은 '공유지'에 대해 애착이 있어야 목소리를 낸다. 이들이 행동을 통해 '합의'를 이뤄야 공유지가 지속될 수 있다. 이러한 성격의 합의가 생소한 것은 아니다. 이것은 국가나 사회가 최초에 수립될 때 이루어졌다고 우리가 상정하는 사회계약을 지속적으로 갱신하는 과정이기도 하다. 이 합의를 통해서 각 개인의 합리적 선택과 '집단행동의 원리principles of collective action'는 공동선의 유지와 발전이라는 합당한 결과로 이어질 수 있다.

합의가 실제로 지켜지기 위해서는 구성원들 사이에 이 합의를 지켜야 한다는 '신뢰'가 있어야 한다. 어떤 합의나 규범(이 안에는 최초의 사회계약이나 헌법부터 우리가 작은 공동체에서 맺는 규칙까지 모두 포함된다)이 구속력을 갖기 위해서는 구성원들이 그것을 합당하다고 믿어야 하기 때문이다. 그런데 이러한 믿음은 가변적이기 때문에 합의가 이뤄졌다가도 뒤집어질 위험이 늘 존재한다. 따라서 구성원 다수가 동의해 맺은 합의는 그 내용과 더불어 지속적으로 실천 가능하게 하는 체계를 갖추어야 한다. 이것을 신뢰 체계belief system라고 부를 수 있다.

이제 타협과 신뢰를 어떻게 만들 수 있을지 살펴보자. 그것을 가로막는 장애물과 이를 넘어설 방안을 검토해보고자 한다.

무엇이 혁신을 가로막는가

정치·경제·사회 측면

그 자체로 개혁돼야 할 대상이자 혁신의 걸림돌이 되는 사회 구조적 장애물들이 산적해 있다.

먼저 정치 분야를 보면 양극화의 뿌리는 '빨갱이 담론'에 있다. 일제로부터 해방되고 대한민국 국가를 수립하는 과정에서부터 극단적인 좌우 대립이 있었다. 이후 북한의 남침으로 시작된 민족상잔의 전쟁에서는 좌우 가릴 것 없이 민간인 학살이 자행되었다. 한번 빨갱이라고 지목을 당하면 그 사람의 주장이 아무리 온건하고 민주주의에 부합해도 상대방에게 받아들여지지 않았다. 이러한 배경 속에서 '독재 대 민주', '민주 대 반민주'라는 이분법적 양극화가 자라난 것이다.

더욱 심각한 것은 빨갱이 담론이 지역주의와 결합되어 '반공 대 종북', '애국 대 매국', '부자 대 빈자', '영남 대 호남'이라는 이분법적 갈등 구조를 낳았다는 사실이다. 대화와 타협을 통한 사회적 갈등 해결이라는 정치의 목적과는 정반대로, 오히려 정치가 사회적 갈등을 부추기고 증폭시키는 역할을 했다. 이것이 경제·사회 혁신의 발목을 잡고 있다.

경제 영역에서 문제가 되는 양극화 현상의 결정적인 계기는 1997년 외환위기였다. 이때부터 소득과 자산의 격차가 급격히 벌어지기 시작했다. 통계청 자료에 따르면 2016년 기준 정규직 평균 월급은 279만 원인데, 비정규직 월급은 149만 원으로 정규직 대비 53%밖에 되지 않는다. 자산에 있어서는 더욱 심각하다. 김낙년 교수의 〈부의 불평등 보고서〉를 보면, 상위 10%가 차지하는 자산이 국가 전체 자산의 66%이고 하위 50% 국민은 겨우 1.8% 만을 가지고 있다.

자산의 대부분은 부동산이고, 자산 격차가 커진다는 것은 부동산 가격 상승의 수혜가 기존의 자산가에게 과하게 많이 돌아간다는 뜻이다. 소득과 자산의 양극화가 문제인 이유는 이것이 경제의 성장 동력을 말살시키고 사회 갈등을 유발하기 때문이다. 젊은 세대가 희망이 없다고 느끼니 출산율도 떨어지고 국가 미래 또한 불투명해진다.

또 하나의 장애물은 노동시장의 양극화와 이중 구조이다. 정규직은 고임금뿐 아니라 체계적인 사회보장과 고용보호 아래 있다. 비정규직은 정반대이다. 이러한 이중 구조는 생산성을 떨어뜨리고 장기적으로 국가가 혁신적 성장을 하는 데 문제가 된다.

정규직 기간이 늘어날수록 회사의 부담이 커지는 상황에서는 기업은 고숙련 노동자를 오래 붙잡아두려고 하지 않는다. 서서히 투자를 줄이면서, 생산성이 낮아도 임금이 저렴한 비정규직을 늘리거나 해외로 공장을 이전하기를 선호한다. 문제는 노하우와 기술이 축적되지 않으니 신산업이나 신기술에 투자하기보다 이미 성숙 단계에 있는 기존 산업에 진입해 가격 경쟁을 하는 것이다. 그러니 비정규직을 선호하게 되고, 생산성은 떨어지며, 사회적으로는 양질의 일자리가 부족해진다.

사회 영역에서는 젠더 및 세대 갈등이 떠올랐다. 미투 운동은 우발적으로 일어난 일이 아니라 오랫동안 한국 사회를 지배했던 남성 중심 문화가 깨지면서 필연적으로 나타난 문제이다. 20세기에는 대부분의 국가가 '성별 분업' 시스템에 기초해왔다. 주로 남자가 일하고 여자는 집안일과 보육을 맡아왔다. 그 경향이 한국에서는 유독 강했다. 한국 여성의 경제 활동 참가율은 OECD 최하위권으로 남성대비 74%(2017년)에 그치고 있으며, 여성의 임금 수준은 남성의 67% 수준(2017년)에 불과하다.

재취업에 성공하더라도 많은 여성이 경력 단절에 따라 저임금 비정규직에 몰리면서 임금 격차는 더 커진다. 이런 임금 격차는 가정 내 성차별로 이어진다. 이러한 상황에서 여성들은 '평등의 가치관'

과 '성차별적 현실'의 괴리를 겪게 되었고, 이에 대한 저항감이 표출되기에 이르렀다.

인류 역사에서 세대 갈등이 없었던 적이 없지만, 한국에서 나타나는 세대 갈등 양상은 한국만의 특수성에서 비롯된 측면이 있다. 한국의 세대 갈등은 나이가 드는 과정에서 자연스럽게 나타나는 연령 효과age effect가 아니라 집단의 정체성이 지속하며 유지되는 코호트 효과cohort effect의 특징을 강하게 보인다. 60~70대, 40~50대, 20~30대 각각의 세대가 압축적인 근대화 과정에서 자신들이 겪은 생애 경험에 따라 매우 다른 정체성을 갖게 되었고, 서로 다른 정체성끼리 충돌하게 된 것이다. 이러한 세대 갈등은 시간이 지나도 해결될 가능성이 낮다. 오히려 갈등이 격렬해져서 냉소적으로 반응하게 될 가능성이 있기에 더욱 위험한 것이다.

규제·행정·교육 측면

어느 사회에서든 기득권을 가진 몇몇 사람이나 집단만이 혁신을 가로막는 게 아니다. 기득권을 지켜주는 제도야말로 실질적인 장애물이다. 여러 분야의 많은 제도가 여기에 해당하지만 여기서는 규제, 행정, 교육 및 인적자원의 활용이라는 측면에서 살펴보고자 한다.

우리나라는 법률과 제도가 허용하는 것을 구체적으로 나열하고 그 외에는 모두 금지하는 포지티브 규제를 채택하고 있다. 포지티브 방식은 금지된 것이 아니면 허용하는 네거티브 방식보다 안전해 보이지만 실상은 다르다. 네거티브 방식을 취하면서도 상시적인 모니터링 시스템, 집단소송제와 징벌적 손해배상제도의 도입을 통해 혁신의 길을 열어주면서도 책임을 강화하는 방안이 이미 충분히 검토되고 있다.

그런데 왜 규제 방식이 변하지 않는 걸까? 그 원인을 분석해보면, 기존 체제 내의 강자들이 겉으로는 규제 혁신을 외치면서도 실제로는 현재의 규제 시스템으로부터 이익을 얻기 때문이다. 현재 독점적 지위를 가진 자들은 포지티브 규제 방식을 통해서 지위를 유지하기 때문에 룰의 변화를 반기지 않는 것이다. 물론 이러한 규제 방식은 장기적으로는 지배적 기업의 기술력을 떨어뜨릴 우려가 있지만, 기업이 현재 자신이 누리고 있는 유리한 위치를 스스로 포기하기란 쉽지 않다.

행정에도 걸림돌이 적지 않다. 한국의 경직된 행정 체계와 구역, 관료 충원 제도는 지난 100년 동안 거의 변화가 없었다. 근대화 과정에서 만들어진 중앙집권 체계는 일제강점기를 지나며 고도로 수직적이고 억압적인 구조가 되었는데, 이후 군사독재 정권을 통해 이러한 특성이 문화적 시스템으로 자리 잡았다. 모든 중요한 결정이 위에서 아래로 일방적으로 내려지고, 현장에 맞지 않는 잘못된 결정에 대해 크로스체크가 매우 어려운 행정 체계가 고착된 것이다.

급수별 시험으로 정해진 인원을 선발하는 관료 충원제 역시 일제 강점기 이래 변하지 않았다. 책임 회피에 유리한 칸막이 행정 그리고 인사고과를 중심으로 운영되는 순환보직 체계는 전문가를 길러내지 못하는 원인으로 수십 년 지적되었지만, 전혀 개선될 기미가 보이지 않는다. 기초·광역·특별시로 이루어진 행정구역은 중요한 민생 사안마다 지역 간 경쟁과 갈등을 조장하고 관할을 따지는 공급자 중심 행정의 원인이다. 낡은 행정 구획은 수도권 집중을 해소할 수 있는 지역 거점 발전의 발목을 잡고 있다. 국민은 기초는 물론 광역 단위를 넘어 생활하고 산업과 비즈니스 역시 초광역 수준에서 진행되는데, 행정은 아직도 '선 긋기'의 한계를 벗어나지 못하고 있다.

교육 및 인적자원 활용에서도 개선이 요원하다. 사교육이 사실상 공교육을 완전히 잠식함에 따라, 교육과정 개편을 통해 아무리 다양화를 시도해도 결국에는 입시 시장만 확대되는 딜레마에 빠져 있다. 더욱 심각한 것은 대학에 입학한 이후에도 적성이나 소질에 맞는 직업을 찾아가기보다는 안정적인 대기업만 바라거나 1학년 때부터 공무원 시험 준비에 몰두하는 학생들이 점점 많아진다는 사실이다. 이는 계층이동의 수단이 능력주의meritocracy를 지나 시험만능주의testocracy에 갇혔다는 점에서 문제이고, 다른 한편으로는 국가가 사회가 필요로 하는 인적자원을 제대로 길러내지 못한다는 점에서 더욱 심각한 문제이다.

어디서부터 타협과 신뢰를 쌓아갈 것인가

먼저 정치적으로는 지역주의와 이념 갈등을 벗어날 수 있는 제도적·문화적 변화가 요구된다. 가장 바람직한 것은 정치적 행위자들이 상대를 존중하고 대화와 타협을 통한 합의를 지향하는 것이다. 그러나 현재의 제도를 바꾸지 않고 정치 문화의 변화를 기대하기는 어렵다. 제도적으로 승자독식의 정치 체제가 그대로인 상태에서 행위자들에게 선한 행동을 요구하는 것은 비현실적이다. 따라서 권력을 어떻게 독점하느냐가 아니라, 누가 국민의 목소리를 잘 대변하는가를 중심으로 정치 제도를 개혁하는 것이 우리의 과제다.

다양한 사회적 갈등을 효과적으로 해소하는 방법은 그들의 목소리를 대변하는 대표자들이 골고루 의회에 진출할 수 있도록 제도를 고치는 것이다. 국민의 의견이 가감 없이 입법부에 전달되고, 다양한 의견들을 놓고 타협점을 찾아가려면 민의가 제대로 반영되도록 하는 국회와 정부를 만드는 수밖에 없다. 현행 선거 제도에서 정치인들은 모두 이익보다는 지역구의 이익 혹은 자기 정당의 이익에만 매달릴 수밖에 없다. 또 모든 국민의 의견이 2개의 정당에만 수렴돼 유권자들에게 두 가지 선택지밖에 주어지지 않는다면 정치의 양극화를 해결할 수 없다. 이러한 왜곡을 개선하기 위해서는 선거 제도가 먼저 개혁되어야 한다.

그와 더불어 장기적으로는 권력 구조의 개편을 고려해야 한다. 1987년 헌법으로 탄생한 현행 단임제 대통령제는 민주주의의 효율적 작동보다는 군부 독재나 쿠데타를 방지하는 데 목적을 둔 제도이다. 그러다 보니 대통령 재선이 불가능하고, 임기 중반을 넘어서면 조기 레임덕에 빠지는 현상이 관행화되고 있다.

정부와 여당의 관계, 정부와 국회의 관계도 모호하다. 국회의 역할은 행정부에 대한 견제와 감시이지만 여당은 행정부를 옹호하는 입장이 된다. 대통령의 책임은 물론 정당의 책임 정치도 불명확하다. 현재 한국의 대통령제는 권력을 남용하고 부패하기 쉬운 구조이다. 대통령과 국회 어느 쪽도 책임지는 위치에 있지 않고, 서로 안정적인 관계를 맺기도 어렵다. 이제는 대통령 중임제, 분권형 대통령제, 의회제 등 다양한 대안을 심층적으로 논의해야 한다. 타협의 정치에는 다당제 기반의 의회제가 가장 효과적이지만 급격한 제도적 변화가 어렵다는 현실을 고려하면 중임제 분권형 대통령제를 논의해볼 수도 있다. 국민의 손으로 대통령과 국회의원을 선출하고 국회가 합의해 총리를 임명함으로써 견제와 균형을 바탕으로 한 협력 시스템을 구축하는 것이다.

경제적으로는 실패에 대한 안전망 확보와 계층이동성의 확대를 혁신의 동력으로 삼아야 한다. 경제적 양극화는 것은 공동체의 건강에 해로울뿐더러 성장 동력을 떨어뜨린다. 특히 혁신적 기술 발전 시도가 활발하게 이루어지기 위해서는 기존의 경제 생태계에서 이탈하는 사회구성원에게 국가가 최소한의 돌봄의 의무를 다할 것이라는 약속과 실천이 따라야 한다. 또 재교육을 통해 언제든 경제 생태계 안으로 복귀할 수 있게 하는 지원 정책이 필요하다.

예를 들어 자영업자 과다 문제에 대해서는 자영업자들을 한계 자영업자, 기회 자영업자, 실버 자영업자 등으로 세분화해서 맞춤형 정책을 펴는 것이다. 한계 자영업자에게는 안정적인 퇴로를 열어주고 새로운 시작을 할 수 있도록 도움을 주어야 한다. 안정적으로 성장하고 있는 기회 자영업자에게는 교육 서비스를 제공하거나 새로운 시장을 개척하도록 지원해 생산성 향상과 고용 창출을 유도해야 한다. 실버 자영업자는 시간이 흐를수록 더욱 심각한 문제가 된다. 베이비붐 세대(1955~1963년생)가 은퇴 후 제대로 된 준비 없이 한꺼번에 자영업 시장에 진입하는 것은 사회적으로도 큰 부담이다. 국가가 이들에게 충분한 사업 교육 기회를 제공하는 것은 물론 재교육을 통해 재취업 중개에도 적극 나서야 한다.

노동시장 문제는 경제 영역을 넘어 전 사회적인 문제로 확대되었다. 대·중·소 기업, 원청업체와 하청업체, 정규직과 비정규직, 제조업과 비제조업, 그리고 성별 간 임금 격차는 단순한 소득 불균형 문제가 아니라 사람들을 하나의 계급으로 낙인 찍는다는 점에서 심각한 사회 문제가 되고 있다. 따라서 국가와 기업은 이를 사회 개혁의 첫 과제로 올리고 대타협을 추진해야 한다.

정년 연장 같은 단순한 해법은 오히려 세대 갈등을 부추기고 양극화를 가속화시킬 우려도 있으므로 지양하는 게 좋다. 다음 세대와 저임금·비정규직·무노조·하청 노동자에 대한 지원을 늘림으로써 계단형 노동시장이 아니라 완만한 기울기를 가진 안정적인 노동시장을 지향해야 한다. 한편 고임금·정규직·유노조·원청 노동자에게 양보만을 주장해서는 타협이 이루어지지 않는다. 아래쪽에 대한 지원책을 먼저 제시하고, 그것을 이행해 사회적 신뢰를 쌓아나가야 한다.

매년 반복되는 노조의 임금단체협약은 소모적 투쟁일 뿐 지속가능하지 않다. 무엇보다 경제 환경이 더 이상 이를 용납하지 않는다. 노조가 직면할 더 크고 근본적인 문제는 한국 제조업이 항구적인 구조조정으로 진입하고 있는 현실이다. 현재 한국 경제의 어려움은 세계 경제의 정체, 경쟁 압력의 심화, 기업 수익성 하락과 한국의 산업 구조 문제가 복합적으로 결합되어 나타나는 것이다. 기존 시장의 정체 속에서 새로운 경쟁자가 계속 증가하고 있다.

한국의 기간산업 중 반도체와 일부 전자 업종을 제외하면 자동차·조선·석유화학·기계·철강금속 대부분이 위기에 처해 있다. 이런 때에 노동조합은 산업 경쟁력을 유지하면서 동시에 노동자의 이익과 연대를 어떻게 새롭게 구축할 것인가를 고민해야 한다. 노동조합이 실질임금 상승, 노동자 내부의 임금 격차 해소라는 힘겨운 과제만이 아니라 산업과 기업의 위기에 어떻게 대응해야 하는가를 심각하게 자문해보아야 한다. 1970년대 독일이나 스웨덴처럼 노동조합이 기업의 경영에 공동으로 책임을 져야 한다. 노조가 단위 사업장에서는 경영을, 전국 단위에서는 국가 경제를 고민해야만 하는 때가 된 것이다.

결국은 정치에 해답이 있다

정부 수립 이후 70여 년 동안 한국은 국민의 노력과 희생으로 발전해왔다. 그 결과 1961년에 100달러도 안 되던 1인당 국내총생산은

2018년에 3만 달러를 넘어섰다. 인구 5천만 명 이상 국가 중에서 3만 달러 국민소득을 이룬 나라로는 세계 일곱 번째다. 그러나 그동안 사회의 발전을 위해 노력한 이들, 불가피하게 희생을 강요당한 이들, 실패를 두려워하지 않고 도전했던 이들에게 국가가 제대로 된 안전망을 제공하지 못했다. 그 결과 새로운 전환점 앞에서 혁신에 도전하는 퍼스트 펭귄이 사라졌고, 서로 간에 불신이 깊어졌다.

2019년에는 차량 공유 서비스 시장을 놓고 플랫폼 업체와 택시 업계가 맞붙었고, 무인 수납 시스템을 놓고는 도로공사와 톨게이트 수납원들이 갈등을 겪었다. 이를 통해 우리가 깨달은 사실은 앞으로 등장할 유사한 문제들을 기술 발전의 논리만으로는 해결할 수 없다는 것이다. 거기에는 사람이 존재하기 때문이다.

그러나 우리만 이런 일을 겪고 있을까? GM 공장 철수를 똑같이 겪은 호주와 한국을 비교해보자. 호주 애들레이드에서는 철수 시점으로부터 3년 전에 결정이 발표되고 이에 대비해 국가, 기업, 노조가 합의해 단계적 프로그램을 마련했다. 기존에 존재한 실업부조 제도와 무상 의료 시스템에 더해 훈련에 필요한 비용이 지원되었다. 반면 한국의 군산에서는 철수가 발표된 지 불과 3개월 만에 시행되었고, 근로자들과 도시는 무방비 상태로 해고되었다. 어떠한 준비도, 신뢰도 존재하지 않았다. 이러한 경험은 향후 혁신의 과정에서 벌어질 일에 대한 선례가 되기 때문에 매우 중요하다.

앞으로 우리가 채택해야 할 모델은 스웨덴 말뫼의 경험이다. 말뫼 코쿰스 조선소가 폐쇄될 때 근로자들은 격렬하게 저항하지 않았다.

노조위원장은 "정부도, 조선소 경영진도 위기를 헤쳐 나가려고 최선을 다했다는 것을 근로자들이 알고 있었기 때문"이라고 밝혔다. 사회적 신뢰가 있었기 때문에 대화가 가능했고, 그래서 전환도 가능했다.

결국 핵심은 충돌하는 이해관계를 풀어낼 정치 역량이 있는가이다. 영국의 정치학자 버나드 크릭은 정치적 과정이란 타인의 말을 듣고 listening 거기서 나타나는 서로 다른 입장들을 조정 conciliating 하는 것이라고 보았다. 'conciliating'에는 서로의 입장을 타협시키는 것을 넘어서 '달래어 설득'하는 의미가 포함된다. 그것이 신뢰를 만드는 것이다. 정치의 목표는 문제 해결이다. 미국 의회를 오랫동안 연구한 스콧 애들러와 존 윌커슨 교수는 정치란 "정책적 우선순위를 어디에 두어야 하는지, 무엇이 핵심적인 국가 과제가 되어야 하는지를 잘 선택하는 능력이고, 또 그에 대한 답을 잘 제시할 수 있는 것"이라고 했다. 이것이 대의민주주의에서 유권자들이 바라는 것이며, 국가와 정치가 감당해야 할 몫이다.

정치란 '대화와 타협을 통한 문제의 해결'이다. 정치의 수단은 '상대방의 이야기를 잘 들어서 대화와 타협을 이끌어내는 것'이고, 그 정치의 목표는 문제 해결이다. 전환의 계곡 앞에서 우리는 정치의 본령으로 돌아갈 필요가 있다. 그것은 사회적 대화와 타협, 신뢰와 실천을 담보로 한다. 몇몇 정치인이나 기업인에게 맡겨놓을 수 없는 일이다. 사회구성원 다수가 이러한 비전에 동의하고 그 실현 방법을 고민해야 한다.

혁신 사회안전망 시스템: 공동선과 공동부

요약문

1. 세계적으로 경제의 저성장이 이어지는 가운데 새로운 경제 패러다임을 모색하고 있음.

1-1. 정치적·경제적 불평등의 악순환을 끊기 위한 제안이 나오고 공동체에 관심을 기울이려는 노력 속에서 포용이라는 키워드가 주목받고 있음.

2. 한국 경제는 큰 허들 앞에서 주저앉은 형상임.

2-1. 저성장의 늪에 빠져 있고 양극화는 심화되고 있음.

2-2. 재벌 주도형 성장의 한계가 드러난 현실에서 경제의 활로를 여는 것이 과제임.

3. 대안으로서 '혁신적 포용'의 패러다임을 제시함.

3-1. 문재인 정부는 혁신적 포용국가를 대안적 패러다임으로 제시함.

3-2. 이러한 경제 패러다임은 혁신과 포용으로 경제·사회 문제를 동시에 해결하겠다는 정책적 의지임. 그러나 현실에서 제대로 작동할 수 있을지는 미지수임.

3-3. 혁신, 포용, 공유라는 사회적 인프라가 새로운 패러다임의 핵심 요소임.

4. 혁신, 포용, 공유를 뒷받침하는 근본적 인프라로서 공동선과 공동부가 확보되어야 함.

4-1. 공동선은 모두를 위한 실질 민주주의를 실현하는 정치적 기본 자원이고, 공동부는 모두를 위한 경제적 자유를 실현하는 기본 자원임.

4-2. 저성장, 경제적 불평등 등 경제적 난제를 해소하는 새로운 경제 패러다임은 공동선과 공동부의 토대 위에서 사회·경제·산업의 혁신, 포용, 공유 시스템이 안정적으로 작동하는 것을 의미함.

글로벌 추세 및 문제의식

세계적으로 경제 저성장의 뉴 노멀 시대가 이어지고 있다. 국제통화기금IMF 등 국제기구들은 하나같이 2019년 세계 경제 성장률 전망치를 하향 조정했다. OECD 회원국의 성장률도 2017년 이래 내리막 추세이다. 대체로 원인은 수요 하락, 신흥국 리스크, 보호무역 강화 등으로 꼽힌다.

미국은 중국과의 패권 전쟁과 재정 지출 제약에 묶여 있고, 중국은 미국과의 무역분쟁뿐 아니라 경제 구조 개혁 문제까지 안고 있다. 유럽에서는 금융위기 이후 회복세가 여전히 더디며 브렉시트 문제로 혼란이 가중되었다. 더군다나 일부 신흥국은 수요 하락, 차입 비용 증가, 정책 불확실성 증가에 따라 금융과 실물 측면 모두 불안정한 상태이다. 문제는 이러한 상황이 쉽게 해결되기 어렵다는 점이다.

경제적 불평등은 오히려 확대되고 있다. 전 세계 100명의 경제학자가 집필에 참여한 《세계 불평등 보고서 2018》은 글로벌 차원의 불평등 현황을 일목요연하게 보여준다. 이는 신자유주의가 발흥하면서부터 일관된 현상이다. 1980년 이래 상위 1%의 소득 비중이 꾸준히 상승하고 있으며, 글로벌 금융위기 이후 증가세가 꺾이긴 했으나 여전히 높은 수준이다. 우리나라도 예외가 아니다. 김낙년의 연구에 의하면 상위 1%의 소득 점유율이 7.2~8.2%를 유지하다가 2016년 들어서면서 12.1~14.4%로 증가했다.

저성장과 경제적 불평등을 극복하는 방안이 필요한 가운데 디지털 경제, 플랫폼 경제, 공유경제 등 새로운 경제 패러다임이 등장하고 있다. 이런 변화는 미래에 대한 긍정적인 전망을 선사해준다. 새로운 패러다임을 주도하는 구글, 페이스북, 아마존 등 대형 플랫폼 기업들의 성장세는 매우 가파르다.

그러나 이면에는 경제적 불평등이라는 패러독스가 자리하고 있다. 앤드루 맥아피와 에릭 브린욜프슨이 《머신 플랫폼 크라우드》에서 보여주듯 생산성이 늘어도 고용, 임금, 가계소득은 줄어든다. 이들 간에 소위 탈동조화great decoupling가 발생하는 것이다. 일자리와 소득의 탈동조화는 '근로 빈곤층'을 양산하는데 이 근로 빈곤층은 일반적인 노동 계약 밖의 플랫폼 노동에서 나타난다. 플랫폼 노동은 불특정 다수가 플랫폼상에서 작업하는 '크라우드 노동', 그리고 거래는 온라인에서 이루어지지만 서비스 제공은 대면으로 이루어지는 '주문형 앱 노동'으로 구분된다. 공통적인 문제점은 노동자들이 하루 24시간 쉬지 않고 일에 잡혀 사는 구조 속에 있어 최소한의 재생산 및 휴식의 시간도 갖기 힘들다는 것이다. 이러한 노동 형태가 확산되면 고용 안정성이 떨어지고 궁극적으로 사회가 불안정해질 수 있다.

문제는 정치가 이러한 문제를 해결하지 못하고 있다는 사실이다. 토마 피케티와 이매뉴얼 사에즈는 소득세 최고세율을 높임으로써 초고소득층의 지대추구 행위를 막고 소득 불평등을 완화할 수 있다고 주장한다. 그러나 국제 공조가 이루어지지 않아 2020년 현재 다수 국가에서 최고세율은 2차 세계대전 직후의 세율보다 낮으며 특히 미국은 최고소득세율을 39.5%에서 35%로 낮추었다.

피케티는 기성 정치가 불평등 문제를 해결하는 데 실패하는 현상을 '다중 엘리트 체제'라고 설명한다. '상인' 우파와 '브라만' 좌파가 각각 고소득 엘리트와 고학력 엘리트를 대변한다는 뜻이다. 심지어 진보 정당조차 주로 고학력자들의 관심사인 환경, 젠더, 이민자 등의 이슈에 관심을 집중하는 상황이다.

이러한 문제와 모순을 해결하려는 노력이 전혀 없는 것은 아니다. 정치적 불평등이 경제적 불평등을 낳고, 경제적 불평등이 다시 정치적 불평등을 심화시키는 악순환의 고리를 끊으려는 방안들이 제시되고 있다. 발터 샤이델은 석기시대부터 21세기까지 인류 불평등의 역사를 다루면서 전염병, 전쟁, 혁명 등을 '대조정자the great leveller'로 제시했다. 물론 이는 현실 정책이 될 수 없지만, 세상이 세계 경제의 대전환을 고민하고 있다는 사실을 보여준다는 데 의미가 있다.

이러한 대안들은 우리의 시선을 시장에서 공동체로 옮긴다. 현대적 관점에 따라 그 개념이 다소 차이가 있을 수 있겠지만 이런 변화의 핵심 키워드는 '포용'이다. 칼 폴라니는《거대한 전환》에서 시장

자유주의의 자기조정 기능이 망상에 불과하며, 현실에서 어떻게 실패하는지 그리고 시장에 대한 반작용으로 생겨나는 사회적 자기보호 흐름이 무엇인지를 보여준다. 시장과 결합한 '포용'은 오늘날의 사회적 자기보호 장치로 해석될 수 있다. 더 나아가 경제 성장과 불평등 해소라는 두 마리 토끼를 동시에 잡기 위한 이 시대의 '대조정자'라고도 할 수 있다.

경제·산업 패러다임의 전환이 필요하다

한국 경제는 큰 허들 앞에서 주저앉아 있는 모습이다. 대표적인 허들은 다음과 같다.

첫째, 저성장에 빠져 있다. 2012년부터 구조적 침체가 이어지는 상황이다. 이는 2003년 경제 성장률이 세계 경제 성장률을 밑돌면서부터 본격화되었다. 2018년 한국 경제 성장률은 2.9%로 세계 경제 성장률 3.9%에 비해 1%나 낮았다. 한국은행 자료에 의하면 우리나라는 실제 경제 성장률과 잠재 성장률 모두 2000년 이래 꾸준히 하락하는 추세이다. 특히 2015년부터는 3% 이하로 떨어졌다. OECD 자료(2018년 7월)에 의하면 앞으로 한국의 장기 경제 성장률은 2.5%(2021~2030년)에서 1.8%(2031~2040년)로 하락할 것으로 전망된다.

둘째, 양극화가 심화되고 있다. 개인 소득 상위 10%에 속하는 사람

수와 하위 10%에 속하는 사람 수의 차이는 2012년에 약 893만 명이었으나 2018년에는 약 1,094만 명으로 늘어났다. 1990년과 2016년 사이 양극화 정도를 OECD 주요 국가들과 비교해보면 한국(3.9 → 4.6)은 독일(2.7 → 4.2)과 미국(4.3 → 5.1)보다는 양호하지만 다른 나라들에 비해서는 양극화가 월등히 심한 편에 속한다.

셋째, 재벌 주도형 성장을 하고 있다. 재벌 주도형 성장 체제에서는 부가 대기업에 집중됨과 동시에 가계소득은 하락한다. 자본 축적의 격차와 자산의 격차가 심화되고, 그로 인해 노동시장의 구조도 불평등하게 바뀐다. 또 생산과 노동의 유연화, 노동의 양극화, 불안정 노동의 증가, 일자리와 소득의 탈동조 같은 현상이 발생한다. 이는 소득 불평등뿐만 아니라 심지어 교육 불평등의 원인이 된다.

넷째, 정부가 소극적 역할에 머물고 있다. 우리나라는 OECD 주요 국가들에 비해 지니계수, 특히 시장 소득 지니계수와 처분 가능 소득 지니계수의 차이가 현격히 작다. OECD와 통계청 가계금융복지조사 자료(한국은 2017년, 일본은 2015년, 그 외 국가는 2016년 기준)에 따르면 스웨덴은 0.225, 프랑스는 0.211, 일본은 0.165, 미국은 0.116인데 우리나라는 0.051이다. 이는 실제 사용 가능한 소득을 고려했을 때 우리나라의 불평등 정도가 심하다는 것을 나타낸다. OECD 국가들에 비해 우리나라 정부의 이전지출(실업수당이나 재해보상금, 사회보장기부금같이 정부가 당기의 생산활동과 무관한 사람에게 반대급부 없이 지급하는 것)이나 복지 정책적 뒷받침이 약하다는 뜻이다. 정부의 소극적인 역할은 정치 실패의 한 단면이다.

이러한 허들들은 우리의 기존 성장 전략에서 비롯된 측면도 있다. 수출 대기업 중심의 성장 패러다임이 주창하는 낙수 효과 논리가 오늘날 현실에서는 통하지 않기 때문이다. 즉, 수출이 증가하고 대기업이 성장하면 국내 투자가 늘고 그에 따라 중소기업이 성장하며 일자리 창출, 가계 소득 증가, 분배 개선이 이루어진다는 논리가 현실에서 이뤄지지 않는다는 것이다.

　우리 경제는 3중의 불균형을 겪고 있다. '기업 소득과 가계 소득의 불균형', '생산물 시장에서 기업 소득의 불균형', '노동시장에서 임금 소득의 불균형'이 그것이다. 게다가 경제 외연의 성장을 지원하던 중국의 경제 성장도 이제는 5~6% 대 성장률에서 정체되고 있다. 앞으로 과거와 같은 고성장 시대가 올 것 같지도 않다. 이제 중국 성장에 기댄 수출 주도형 성장을 기대하기 어려운 상황이다.

　과거의 패러다임이 시효가 다했다면 여기서 빨리 벗어나 새로운 발전 전략을 찾고 경제의 활로를 열어야 한다. 패러다임 전환의 방향은 새로운 방식의 경제 성장 동력을 확보하는 것은 물론 기존에 고착된 경제·사회적 불평등과 양극화를 해소하는 것이어야 한다. 이를 위해서는 '포용적 성장'이라는 가치를 담고, 경제·사회 문제가 서로의 발목을 잡는 일을 방지해야 한다. 결론적으로 정치의 성공을 도모해야 하는 것이다.

'포용적 성장' 패러다임의 출현과 한계

문재인 정부는 기존의 경제 패러다임에서 벗어나야 한다는 문제의 식에서 그 대안으로 '혁신적 포용국가'를 제시했다. 이는 경제적으로는 혁신, 사회적으로는 포용, 정치적으로는 정부의 적극적 역할을 강조하는 것이다. 이러한 패러다임은 대한민국이 포용 수준과 혁신 수준이 낮으며 이들 간 융합도 안 돼 있다는 현실 인식에서 출발한다. 그리고 경제·산업의 변화를 가로막는 장애물을 제거하겠다는 정책적 의지를 표방한 것이다. 즉, 기존의 수출 주도형 성장 패러다임을 탈피, 정책을 통해 포용성과 혁신 능력을 동시에 높이겠다는 것이다.

이는 크게 두 가지 측면에서 바라볼 수 있다.

첫째, 소득 주도 성장, 혁신 성장, 공정 경제가 상호 보완 관계 속에서 각각 작동해야 한다는 것이다. 특히 공정 경제가 비사회 정책(예를 들어 원·하청 관계 개선 등)으로 작용해 포용적 사회 정책과 혁신 촉진적 사회 정책을 지원하도록 하겠다는 의지를 담고 있다.

둘째, 포용적 사회 정책이 수요를 유지해줌으로써 소득 주도 성장을 뒷받침하고, 혁신 촉진적 사회 정책이 인적 자본을 확충함으로써 혁신을 뒷받침한다는 것이다. 포용적 사회 정책은 공적 이전 소득 확대를 통한 소득 분배 개선을 이루겠다는 것으로서 소득 주도 성장의 핵심 요소이며, 인적자원 확충 등의 사회 정책을 통해 사회 전반의 혁신 기반을 조성함으로써 혁신의 촉매제 역할을 하게 된다.

그 구체적 모습은 '혁신적 포용국가의 2019년 목표 및 사업'에 자세히 설명돼 있다.

첫째, 중소기업과 대기업이 함께 성장하고, 소상공인과 자영업자가 국민과 함께 성장하고, 지역이 특성에 맞게 성장한다.

둘째, 신산업 육성 및 전략적 혁신 산업에 대한 투자를 본격화한다.

셋째, 규제 혁신을 본격화한다.

넷째, 지역 성장 지원 및 국가 균형 발전을 도모한다.

다섯째, 튼튼한 사회 정책망과 질 높은 사회 서비스를 제공한다.

여섯째, 사람에 대한 투자, 질 좋은 일자리 확대, 충분한 휴식 등을 통한 포용적 성장을 추구한다.

포용적 성장은 '사회를 통틀어 공정하게 분배되고 모두를 위한 기회를 창출하는 경제 성장'을 말한다. 혁신적 포용국가는 이러한 포용적 성장을 중심 가치로 삼는 것이다.

이처럼 혁신적 포용국가의 경제 패러다임은 혁신과 포용을 결합해 우리 경제·사회 문제를 함께 해결하겠다는 의지의 표현이다. 하지만 현실에서 이러한 패러다임이 제대로 작동할 수 있는지는 별개의 문제이다. 크게 네 가지 장애물이 존재한다.

첫째, 혁신 기술과 산업은 정부가 마중물 역할을 하더라도 궁극적으로는 기업의 영역이다. 한국 경제에서 절대적인 비중을 차지하는 재벌 대기업을 배제하고서 이러한 혁신 기술 및 산업을 일으키는 일은 불가능하다. 즉, 혁신적 포용국가 비전은 중소기업과 대기업이 함께 성장하는 것을 상정하지만 혁신 기술과 산업의 발전은 상당

부분 대기업과 재벌을 통해 이룬다고 볼 수밖에 없다. 그런데 우리 나라의 재벌 체제는 극복해야 할 과제라는 지적이 많다. 재벌 대기업과 함께 혁신을 이루어나가면서 공정 경제를 강화한다는 것은 이율배반적일 수 있다. 양립이 어려운 두 가지를 조화시켜나갈 방안이 포용적 혁신국가 비전과 정책 속에 있는지 의문이다.

둘째, 디지털 및 플랫폼 경제가 가속화될수록 경제적 불평등과 노동의 불안정성이 커질 것이다. 이는 단순히 사회안전망을 확대, 강화하는 것으로 해결될 문제가 아니기 때문이다. 플랫폼 경제의 역효과에 제대로 대응하지 못하면 혁신적 포용 정책의 실효성이 떨어질 수 있다.

셋째, 정책으로 소득 주도 성장과 혁신 성장을 뒷받침하겠다는 의도를 실현하려면 최저임금을 올리는 것에 머무르지 않고 사회안전망을 강화해야 한다. 그리고 복지가 경제 성장에 기여하는 구조가 형성되어야 한다. 그러나 고용보험, 한국형 실업 부조, 공공 취업 서비스, 직업능력 개발 지원, 아동 수당, 기초연금 등의 확대가 복지의 시혜로서는 의미가 있으나 경제 성장을 추동할 수 있는지는 분명하지가 않다.

넷째, 이 두 영역을 융합하기 위한 적절한 연결고리를 제시하고 있는지도 의문이다. 사회적 경제와 공유경제의 융합체를 설정한 상태에서, 이것을 실현하기 위한 정책적 안배를 찾기가 어렵다. 분배와 복지의 영역은 민관 협력, 제3 섹터 등을 통한 해결을 모색해온 역사가 증명하듯이 국가의 직접적 개입으로는 한계가 있다. 더군다나 사회 정책이 정책으로만 머물지 않고 실제로 성장에 효과를 내기 위한 연결고리를 만드는 일은 쉽지 않다.

'공유'를 포함하는 포용적 성장으로 확대

혁신적 포용국가의 패러다임은 새로운 비전을 제시하고 있으나 실천적으로 좀 더 개선해나갈 여지가 있다. 특별히 이 시대에서 빼놓을 수 없는 공유경제를 품을 필요가 있다.

공유경제는 2008년 로렌스 레식 교수가 《리믹스》에서 상업경제와 대비되는 개념으로 제시했다. 한번 생산된 제품을 여러 사람이 서로 빌려 쓰고 나눠 쓰는 협업 소비의 경제 활동으로서 자원 활용의 효율성을 극대화한다. 공유경제는 자원의 소유보다 접근(사용)을 거래하는 비즈니스 모델이다. 이러한 개념은 유휴 자원을 사용 가치에 근거해 교환한다는 생각에서 출발했다. 그러나 에어비앤비, 우버 같은 주요 공유경제 기업들은 이제는 실질적으로 공유와는 관련이 없기 때문에 접근경제access economy로 인식되기도 한다.

어쨌든 공유경제는 상업적이든 아니든 자원 사용의 효율을 증대시키며 이는 혁신으로 이어진다. 이러한 공유경제가 사회적 경제 촉진 정책과 결합되면 사회 정책 영역에서 강력한 무기가 될 수 있다. 사회적 경제란 다양한 공식·비공식 경제 활동 조직이 영리 활동을 함과 동시에 시장 논리로 해결하지 못하는 영역을 아우르면서 시민

사회의 조직 원리에 맞춰 자원을 배분하는 활동이다. 정상적으로 작동할 경우 삶의 질 증진, 빈곤 감소 등 사회적 가치 실현을 지향하게 된다. 사회적 경제는 영리적 영역부터 비영리적 영역까지 스펙트럼이 다양하기 때문에 영리적·비영리적 성격을 모두 갖는 공유경제와 쉽게 융합될 수 있다. 이 둘을 잘 통합한다면 소득 주도 성장 및 혁신 성장의 융합 영역을 확대하는 연결고리 역할을 해낼 것이다. 이런 맥락에서 포용적 성장은 혁신과 포용에다 공유까지 포함하는 쪽으로 전환될 필요가 있다.

혁신·포용·공유 패러다임의 설정 및 실현 방향

지금까지 미래 산업 전략을 구상하는 차원에서, 현재의 경제 문제를 해결하고 경제 구조를 한 차원 업그레이드하는 새로운 패러다임으로의 전환에 대해 논의했다. 새로운 경제 패러다임은 시대정신을 반영해야 하고, 경제적 토대뿐만 아니라 사회적 인프라 또한 튼튼하게 구축하는 것이어야 한다. 여기서 말하는 사회적 인프라의 핵심 개념은 혁신, 포용, 공유이다.

혁신, 포용, 공유는 그 자체로서도 유의미하지만 무엇보다 성장의 자양분이 될 수 있다. 누구든 미래를 논의할 때 성장이 없는 상태는 용인할 수 없을 것이다. 그만큼 성장은 미래 산업 전략을 구상하는 데 필수 요소이다. 다만 이제 성장의 방식을 바꿔야 한다. 성장은 혁신을 동반해야 하며 사회적 가치를 창출해나가야 한다. 이것은 경제 성장의 지속가능성을 저해하는 장애물을 뛰어넘는 사회안전망으로서 작용한다.

이때 주목할 점이 있다. 혁신, 포용, 공유는 각자 홀로 온전히 작동하기가 어렵다는 것이다. 이들 인프라의 토대가 부재하거나 약하기 때문이다. 그렇다면 그 토대란 무엇인가? 앞에서 말한 공동선과 공동부가 바로 그것이다. 공동선과 공유부의 개념이 우리 사회에 확고하게 뿌리 내려야 정치와 경제에서 혁신, 포용, 공유가 안정적으로 작동할 수 있으며, 그 결과 새로운 경제 패러다임이 힘을 발휘할 수 있다.

공동선은 실질적으로 민주주의가 고장 나 작동하지 않는 현실을 극복하기 위한 대안적 개념이다. 사람들은 공동선 논의에 참여할 자원을 원초적으로 불균형하게 가지고 있다. 정치인과 미디어를 후원할 자금도 마찬가지이다. 선거 제도는 단순다수대표제로 1인 1표이다. 그러나 1표 1가치를 반영하지 않는다. 이것이 현실이다. 이러한 정치 구조에서 세상의 불평등을 고쳐나가자는 것은 연목구어緣木求魚일 수밖에 없다. 이러한 현실에서 혁신, 포용, 공유는 공염불에 불과할 수 있다.

산업의 미래를 꿈꾸고 전략을 논할 때 정치 영역에 공동선은 반드시 확보되어야 하는 가치이자 원초적 힘이다. 다시 말해 공동선 논의에 참여하기 위해서는 사람들에게 보편적으로, 무조건적으로 균등하게 지급되는 최소한의 자원이 확보되어 있어야 한다는 것을 말한다.

다음으로 공동부 개념은 공유되어야 할 부가 사유화되고 있다는 문제의식에서 출발한다. 자연환경, 빅데이터 등 사회적 공유 재산 등은 그것이 유형이든 무형이든 사회 공동체 전체를 유익하게 하는 데도 불구하고 불로소득 형태로 사유화되어 개인의 사익 증진에 기여하고 있다. 공동부의 확보는 이러한 불로소득을 사회 공동체 구성원 모두의 토대로 작용하게 만드는 것을 의미한다. 구체적으로는 공동부 지분에 근거한 일정한 기본 자원을 사회구성원에게 지급하는 제도적 장치를 마련하자는 것이다.

우리 시대의 경제적 난제를 해소하는 새로운 경제 패러다임은 공동선과 공동부라는 인프라를 토대로 사회·경제·산업의 혁신, 포용, 공유 시스템을 안정적으로 작동시켜야 할 것이다.

KAIST
FUTURE
WARNING

3부

대한민국
산업의
과제 및 전략

KAIST
FUTURE
WARNING

1 산업 전략의 프레임워크

. . . .

사회 혁신을 통한 한국형 플랫폼화 전략

요약문

1. 산업의 변화 트렌드에 맞춘 전략을 구상할 때 '전환적 흐름'과 '혁신' 측면을 고찰할 필요가 있음.

2. 전환적 흐름은 디지털화에 의한 스마트화, 모바일화, 공유화로 요약됨.

3. 경제 혁신보다도 사회 혁신에 더 주목해야 할 때임. 사회 혁신은 경제와 산업의 성장 과정에서 사회적 불안정·저항·대립 문제를 해결하는 차원의 혁신임.

4. IT 기술 발전으로 나타난 스마트화, 모바일화, 공유화 흐름에 따라 산업과 경제는 그 지형과 양상에 변화가 예상됨.

5. 도시는 스마트 도시로 변해가고, 기존 산업은 성패가 뚜렷해지며, 시장 내 독점화 및 양극화가 커짐.

6. 공간상 변화 양태를 상업 영역과 부동산 영역에서 살펴볼 수 있음.

7. 스마트화, 모바일화, 공유화는 플랫폼화로 귀결됨.

7-1. 플랫폼화는 경제 혁신을 통한 초과 이윤 창출이라는 긍정적 측면과 독점화 및 지대 이윤의 추구라는 부정적 측면을 동시에 지님.

7-2. 신종 프레카리아트(불안정 노동자), 긱 노동자, 플랫폼 노동자 등 일자리가 불안정한 사람들이 늘어날 수밖에 없음.

8. 혁신과 사회안정망을 확보하고 경제 혁신과 사회 혁신을 통합한 플랫폼 구축을 중심으로 미래형 산업 전략을 추진할 필요가 있음.

8-1. 지속가능한 성장을 위해 끊임없는 혁신을 추동해야 하고 동시에 걸림돌이 되는 사회적 난관을 극복하도록 사회안전망을 확보해야 함.

8-2. 경제 혁신과 사회 혁신을 통합하는 미래형 플랫폼을 구축해야 함.

9. 새로운 한국형 산업 전략 수립을 위해 취해야 할 다섯 가지 원칙을 제시함.

9-1. ① 기술 변화와 시장 흐름에 순응. ② 공간 차원의 집중·분산 조율. ③ 도태성 기존 산업에 정책적 안배. ④ 공동부 기본 자원 제공. ⑤ 미래형 인재 양성, 플랫폼 구축, 신사회 규범 정립.

스마트화, 모바일화, 공유화 그리고 사회 혁신

산업의 변화 트렌드에 맞춘 전략을 구상할 때 두 가지 측면을 고찰할 필요가 있다. 하나는 '전환의 흐름'이고 다른 하나는 '혁신'이다. 산업의 영역에서는 이 두 가지의 힘이 상호작용하면서 변화가 일어난다. 전환의 흐름을 관찰해 주요 특징을 포착하고 혁신 측면에서 주요 성취 요소를 발굴하는 것이 산업의 미래 전략을 구상하는 데 중요하다.

전환의 흐름을 살펴보면, 세상은 IT 기술에 힘입어 급속하게 디지털화되고 있다. IT는 콘텐츠-플랫폼-터미널-네트워크가 결합된 거대 생태계를 이룬다. 이것은 오늘날 대부분의 산업에 영향을 끼친다. 4차 산업혁명 또한 IT를 기반으로 하는 전환이다. 글로벌 컨설팅 회사 맥킨지는 초연결 사회 환경에서는 경쟁이 더욱 심화되고 IT는 그 자체로서 혁신과 성장을 지원하는 플랫폼으로 자리매김할 것이라고 예측했다.

2010년 이래 IT 기술의 변화는 미래 산업적 관점에서 '스마트화', '모바일화', '공유화', 세 가지로 요약된다.

첫째, 디지털 기술은 모두 스마트화를 지향한다. 휴대폰을 비롯한 각종 기기의 스마트화가 대표적이다. 스마트화란 기기와 서비스가 지능화되어 사용자의 편의성을 증대시키는 것을 의미한다. 스마트화가 단지 기술의 변화에 그치지 않고 주요 산업들의 변화를 추동한다는 것은 주지의 사실이다. 미래에도 마찬가지로 스마트화를 기본으로 다양한 영역에서 IT 기술의 진화가 일어나며, 미래 산업 지형에도 영향을 줄 것이다.

둘째, 스마트화된 기술을 활용해 시공간을 축약함으로써 자원의 효율적 사용 및 새로운 가치의 창출이 실현되고 있다. 이를 모바일화라고 한다. 모바일화는 플랫폼 시장에서의 경제 활동과 연결되기도 한다. 근래 모바일 디바이스의 운영 체계를 기반으로 소비자와 공급자를 매개하는 시스템인 모바일 플랫폼이 부각되고 있다.

셋째, 유휴 자원의 공동 활용을 통해 시장의 효율성 증진되면서 새로운 가치와 시장이 생겨나고, 산업화로 이어지고 있다. 이를 공유화라 부른다. 이동, 물류, 업무, 생활, 자원, 금융 등 다양한 영역에서 공유경제가 활성화되고 있다. GE는 2025년경에 공유경제의 규모가 전 세계 경제 규모의 절반에 해당할 것이라는 예측을 내놓기도 했다. 더 나아가 인터넷 산업과 렌탈 산업 대부분이 공유화 될 것으로 예측되기도 한다.

다음으로 혁신을 살펴보자. 혁신은 미래 산업 전략을 구상하는 데 핵심 요소이다. 경제 영역에서 혁신의 중요성은 더 말할 나위가 없다. 그러나 이제는 사회 혁신에 주목해야 한다. 사회 혁신이란 경제와 산업이 양적으로 성장하고 변화하는 과정에서 사회안전망 부족의 결과로 나타나는 사회적 불안정, 저항, 대립을 해결하는 것까지 포함하는 혁신을 말한다.

IT 기술의 발전에 따른 스마트화, 모바일화, 공유화 현상에는 명암이 공존한다. 밝은 면은 산업과 경제의 성장이고 어두운 면은 분배의 악화에 기인한 사회적 불안정이다. 현 시대에는 사회 불안정 요소들이 기술 혁신으로 경제 성장을 이루어가는 데 발목을 잡는다. 그것이 사회 갈등으로 표출되든, 규제 개선에 대한 저항으로 나타나든, 심지어 노사 대립이나 이념적 대립으로 나타나든 그 심연에는 사회적 불안정이 잠복해 있는 것이다.

이러한 문제를 근본적으로 해결하지 못하면 패러다임 전환과 전략에 대한 모든 장밋빛 청사진은 현실의 벽에 부딪혀 한낱 몽상으로 끝날 수 있다. 우버 택시 도입과 관련한 이해 당사자 간 대립이나 데이터 규제가 핀테크 사업을 지체시키는 예에서 보듯이, 우리는 4차 산업혁명 시대를 대비하려는 규제 개선 정책조차 갈등과 대립에 발이 묶여 앞으로 나아가지 못하는 것을 경험했다.

튼튼한 사회안전망을 확보해야 하는 우리 사회는 풀어야 할 과제들을 남겨두고 있다. 이는 사회 혁신에 직결되는 문제이다.

산업계의 변화와 그 명암

스마트화, 모바일화, 공유화는 소비자 시장, 제조 및 서비스 시장, 가치사슬 등에서 다양한 변화를 일으킨다. 이러한 변화의 기저에는 우리의 생활양식에 변혁을 일으킬 현상이 존재한다.

디지털화가 가속화됨에 따라 초연결 사회가 도래하고 있다. 가상 공간 같은 새로운 공간이 탄생하고, 가상공간과 현실세계가 연결되며, 더 나아가 이러한 공간 내에서 사람, 사물, 심지어 무형의 정보가 서로 연결되는 스마트 사회가 만들어지고 있다. 이를 초연결·초지능 사회라고 한다. 이런 흐름은 몇 가지 변화를 동반한다.

첫째, 개인 맞춤형 시장이 발달하고 상품의 활용이 용이해진다. 소비 양태가 소유보다 활용을 선호하는 방향으로 옮겨가고 이는 앞에서 설명한 공유화로도 연결된다. 소비자는 하나의 제품을 구입해서 오래 사용하기보다 취향에 맞는 여러 제품을 단기간 이용한다. 따라서 대량 생산보다도 온디맨드 생산이 늘어날 것이다. 이제 저비용으로 개인화와 맞춤화가 가능하기 때문이다. 수요는 더욱 세분화되고, '규모의 경제'보다도 '범위의 경제'를 통해 부가가치를 창출하는 사업 영역에서 기회가 증가할 것이다. 스마트폰 플랫폼(기기, 운영체계, 앱)이 대표적 사례이다. 이 외에도 소비자와 생산자를 연결하는 플랫폼 안에서 소비자 스스로가 제조자가 되어 새로운 수요 형태가 창출·확대될 것이다. 메이커미디어, 제조자 스타디움 등의 사례가 이러한 변화 흐름의 단초를 보여준다고 할 수 있다.

둘째, 다양한 상품 간의 연결이 증대되어 제조업과 서비스업이 융합된다. 다양한 사물이 스마트 기기로 진화하고, 구글의 '프로젝트 아라Ara'에서 보듯이 부품들이 부가적 모듈화되는 플랫폼 생산 방식이 등장하고 있다. 여기에 더해 제조와 서비스의 결합 및 융합으로 서비스형 생산이 활발해진다. 대표적인 예로 GE의 산업 인터넷을 들 수 있다. 이러한 서비스형 생산의 확대는 제품의 소유보다 서비스의 사용을 선호하는 공유경제를 촉진할 것이다.

셋째, 생산과 소비가 경계를 허물고 서로 융합되어 가치사슬의 구조가 변화된다. 그 결과 비즈니스 생태계가 플랫폼에 기반을 둔 형태로 변하는 흐름이 대세가 된다.

'온디맨드 경제의 확산', '소유에서 활용으로의 전환', '제품과 서비스의 융합'은 플랫폼상에서 소비자와 생산자를 직접 연결해 정보 공유를 더욱 원활하게 한다. 이 과정에서 소비자의 만족도와 생산자의 생산성이 동시에 높아진다. 이러한 변화는 가치사슬 내에서 생산되는 부가가치의 총량을 증가시켜 제조업 부문의 회복을 가져올 것이다. 그리고 가치사슬 구조가 플랫폼 경제형으로 변할 것이다. 글로벌 기업 중심의 규모의 경제가 작동해 가치사슬 상류 부문이 축소 내지 단순화되고, 하류 부문은 확대되고 다양화될 것이다. 이는 다양한 틈새시장에서 사업 기회를 열어준다.

공간의 변화

이러한 산업 지형의 변화를 실제 우리 삶이 이루어지는 현장이라는 공간 차원에서 조망해보는 것도 중요하다. 도시가 스마트시티로 진화하면서 기존의 아날로그적 산업 공간 역시 디지털 공간으로 변한다. 가정, 사무실, 공장, 에너지그리드, 농장, 빌딩 등이 스마트 공간으로 탈바꿈하여 스마트시티를 완성하는 것이다. 도시가 산업·경제적 차원에서 성장하고 발전하는 플랫폼이 되는 것을 의미한다.

공간의 스마트화가 이루어지면 공간과 공간의 연결이 용이해지고 이는 공간 공유의 활성화로 이어진다. 쇼핑, 유통, 주거, 숙박, 관광 등의 영역에서 기존에는 소유해야 했던 것들이 이제는 사용권을 공유하는 방식으로 이용되는 것이다. 대표적으로 부동산 소유권의 공유라고 할 수 있는 리츠REITs 투자가 떠오르고 있다.

결국 기존 산업의 주체들은 승자와 패자가 확실히 구분되어 스마트화로 발돋움하느냐, 쇠락하느냐의 두 가지 선택지만 주어지게 된다. 과거 패러다임에서 벗어나지 못한 지역은 만성적 침체를 겪는 것이다. 이 과정에서 승자와 패자 간 양극화가 벌어진다.

부동산 시장을 예로 들어보자. 상업용 부동산 시장에서는 도시가 스마트화·모바일화됨에 따라 특정 지역에서 젠트리피케이션gentrification 현상이 증가하는 동시에 모바일레이션mobileition(모바일화에 의한 변화) 현상까지 생겨난다.

젠트리피케이션은 도시의 활력을 높이고 장소의 기능을 향상시켜 특정 지역의 주거, 상업, 산업을 변성시키는 순기능이 있다. 하지만 현실은 지가地價, 임대료의 급격한 변화로 기존 주민이 지역 공동체 밖으로 밀려나는 것 이상도 이하도 아니다. 핫 플레이스가 된 지역은 지역 경제를 활성화시키는 반면 핫 플레이스가 되지 못한 지역 상권은 쉽게 쇠락하고 만다. 지역적 양극화 현상이다. 도시의 스마트화는 이를 촉진하여 젠트리피케이션의 긍정적 측면과 부정적 측면을 동시에 증폭시킨다.

여기에 '셰어다이제이션sharedization(공유화로 인한 변화)'까지 진행되면 상황은 훨씬 복잡해진다. 젠트리피케이션은 제한된 지역 내 현상에 불과할 수 있지만 '모바일레이션' 현상과 '셰어다이제이션' 현상은 특정 지역에 국한되지 않고 전 지역에 걸쳐 주거, 상권, 산업 등 여러 영역에서 영향을 끼칠 수 있기 때문이다.

이렇게 공간이라는 개념 자체가 달라짐에 따라 우리가 생활하는 공간에서도 다양하고 실질적인 변화가 일어난다.

첫째, 주거 시설의 변화다. 공유하우스 시설이 성장해갈 수 있다. 스마트폰 앱을 통해 공간을 쉽게 거래할 수 있는 여건이 마련되어 기업형 주거 렌탈·공유 사업이 발전하게 되었다. 미국에서는 공유주택 시장 규모가 2010년 400억 달러에서 2019년 450억 달러로 성장했고, 2030년에는 500억 달러에 이를 것으로 예측된다. 우리나라도 공유주택이나 기업형 임대 사업이 확산되고 있다. 갈수록 커지는 주거비 부담으로 이런 흐름은 당분간 지속될 전망이다. 이는 기존 주거 시설의 가격 안정과 시설 변경을 유도해낼 가능성도 있다.

둘째, 업무 시설의 변화이다. 공유의 증가로 기존의 오피스 시설은 공실률이 높아질 것이다. 이러한 조짐이 여러 군데서 나타나고 있다. 서울 주요 지역의 2019년 1분기 대비 2분기 공실률 변화를 보면 이태원은 24.3% → 26.5%, 청담동은 16.1% → 17.6%, 광화문은 10% → 12.6%로 증가했다. 위워크, 패스트파이브, 플래그원 같은 공유오피스의 확산은 기존 업무 시설을 점점 더 잠식시킬 것이다. 공유오피스가 아닌 형태의 신규 빌딩 건축은 점차 줄어든다는 의미다.

셋째, 숙박 시설의 변화다. 앞으로 서울이든 지방이든 일반적 형태의 숙박업에는 찬바람이 불 것이다. 가정집이나 여분의 공간은 어떤 형태든 숙박 시설로 이용될 수 있다. 기존 호텔은 이들과 가격, 편리성 등 여러 측면에서 경쟁해야 하는 상황에 직면한다.

넷째, 상업 시설 변화다. 온라인 쇼핑은 국내외를 막론하고 오프라인 쇼핑을 추월한 지 오래되었다. 국내 쇼핑은 전체의 70%가 온라인을 통해 이뤄진다. 오프라인 대형 마트나 백화점 등 기존 유통 업체의 성장률이 감소세로 돌아선 지 오래됐고, 전문 쇼핑몰이나 복합 상가도 날로 경쟁력을 상실하고 있다. 반면에 새벽 배송이라는 개념을 들고 나온 마켓컬리 같은 신규 업체들은 불과 몇 년 새 40~50배씩 성장하기도 했다. 여기에 모바일 음식 배달이 보편화되자 배달음식을 전문으로 하는 업체들이 조리 공간을 공유하는 '공유주방cloud kitchen'이 등장해 요식업에 새로운 바람을 일으키고 있다. 공유주방은 비용을 줄여 가격 경쟁력을 확보할 수 있고 소비자의 취향 변화를 재빠르게 반영할 수 있다는 장점이 있다. 스마트화를 기본으로 모바일화와 공유화가 접목된 지점에서 발생하는 현상이다.

경제·사회 혁신의 통합 플랫폼 구축을 위한 다섯 가지 원칙

우리 산업 전략의 기조는 지속가능한 경제 성장을 위해 끊임없이 혁신을 추동하고 동시에 사회안전망을 확보하는 것이다. 즉, 경제 혁신과 사회 혁신을 융합해 시너지를 내는 시스템을 구축하는 것이다. 다양한 분야에서 다양한 용도에 공통적으로 활용되는 유무형의 구조물이라는 점에서 플랫폼은 위와 같은 시스템을 구축하는 일에 활용될 수 있을 것으로 기대된다. '블록체인 공유 통합 플랫폼'이 미래형 플랫폼으로서 좋은 예이다. 다만 경제 혁신에 국한하지 않고 사회 혁신까지 포괄하는 것이어야 한다.

산업의 성패는 일차적으로 기술 변화에 크게 영향을 받고, 시장에서의 수요와 공급에 의해 결정된다. 하지만 정책에 따라 결과가 달리지기도 한다. 따라서 미래 산업 전략은 기술, 시장, 정책이라는 세 가지 요소가 조화롭게 공진화共進化하도록 설계되어야 하며, 현장에서 경제 혁신과 사회 혁신을 동시에 추동하는 것이어야 한다. 경제 혁신이란 기존 흐름, 즉 스마트화·모바일화·공유화·플랫폼화를 적극적으로 활용하는 것을 의미하며 사회 혁신은 충분하고 튼튼한 사회안전망의 확보, 그리고 이것이 원활하게 작동하도록 뒷받침하는 정치·경제 근본 토대의 강화를 뜻한다. 경제 혁신과 사회 혁신 모두 정책의 영역이다. 정치가 여기에 미치는 영향이 크므로 정책의 정치적 맥락도 심도 있게 고려해야 한다.

새로운 한국형 산업 전략을 수립할 때 취해야 할 다섯 가지 원칙을 제시하고자 한다.

첫째, 항시적으로 기술 변화와 시장 흐름에 순응해야 한다. 현재의 기술 변화 흐름은 스마트화, 모바일화, 공유화를 통해 플랫폼화로 나아가고 있다. 기존 산업과 신산업 모두 이 흐름에 편승해야 한다. 기존 첨단 기술의 연장선상에서 나노 기술NT, 생명공학 기술BT, 문화 콘텐츠 기술CT 등의 분야와 빅데이터, 클라우드, 인공지능 등의 4차 산업혁명 선도 기술을 융합하는 것에 산업 전략의 초점을 두어야 한다. 이를 통해 기존 산업을 미래 시대에 맞게 전환하고, 신산업을 발굴·육성하며, 미래형 산업 생태계를 조성해야 할 것이다.

둘째, 공간적 차원의 집중과 분산을 균형 있게 안배해야 한다. 앞서 말했듯 플랫폼 경제 시대에는 공간적으로도 양극화 현상이 심화될 수 있다. 적극적인 산업 정책을 통해 지역에 기반한 생산과 소비를 진작시키는 것이 중요한 이유다. '지역 기반의 분산 제조-서비스 방식의 활성화'가 좋은 예가 될 수 있다.

셋째, 외부 환경의 변화로 도태 위기에 있는 산업이 기술 변화와 경제 흐름에 능동적으로 대처해나갈 수 있도록 정책을 안배해야 한다. 예를 들어, 지역 비즈니스의 만성적 침체나 부동산 시장 변화 같은 문제에 대해 시설이나 자원을 공유사업화하거나 모바일 활용을 지원하는 것이다.

넷째, 경제·사회의 지속가능성을 담보해야 한다. 이는 기술 혁신의 결과로 얻은 과실을 분배할 때 그 정책의 기제가 사회 포용성 개념을 수용하는 방향으로 전환해야 함을 의미한다. 규제 개혁에만 집중해서는 안 되며 기존의 규제를 철폐함과 동시에 오늘날 현실에 맞는 혁신적 규제 또한 새롭게 창출해야 한다. 사회 구조적으로 일자리가 질적·양적 쇠퇴의 길로 접어들며 발생하는 사회적 불안 및 양극화를 해결하는 방안으로 기본 소득 같은 공유부 정책이 많은 국가에서 거론된다. 이를 복지로만 바라보아서는 안 된다. 이를 통해 기업의 이익 창출에 대한 사람들의 저항감을 줄일 수 있으며, 더 나아가 이 자체가 투자라는 관점을 가질 필요가 있다.

다섯째, 미래형 인재를 양성해야 한다. 산업의 미래 생존 가능성은 혁신적 마인드와 역량을 구비한 인재의 확보 여부에 달려 있다. 단지 기술공학적 지식을 갖췄다고 다 인재는 아니다. AI 인재를 양성할 때, 빅데이터와 알고리즘을 잘 다루는 것만으로는 미래형 인재의 충분조건에 부합한다고 할 수 없다. 제조와 서비스가 융합되는 '제조업 르네상스' 시대에는 기술과 인문학적 통찰력을 두루 겸비할 것이 요구된다. 또한 이러한 인재가 활약할 수 있는 무대(사회적·문화적 맥락의 플랫폼까지 포함)가 없으면 모두 허사다. 예를 들어 직장 내 위계질서가 엄격하고 권위주의 문화가 팽배하다면 젊은 인재가 재능을 발휘할 수 없다. 새로운 사회적 규범, 공동선을 정립하는 것이 중요한 이유가 바로 여기에 있다.

규제 거버넌스의 전환: AI 기반 규제영향평가

요약문

1. 4차 산업혁명은 데이터를 기반으로 현실과 가상을 융합하는 것임. 전 세계 혁신의 70%가 O2O 영역에서 발생하나 이러한 혁신의 70%가 국내에서는 규제 대상임.

2. 클라우드와 데이터에 대한 규제가 있어 데이터를 수집하기조차 어려우며, 오프라인과 온라인이라는 다른 두 세계 간의 갈등을 조정하는 데 미숙해 신산업의 진입장벽 문제가 해결되지 않고 있음.

3. 이러한 규제로 인해 고부가가치 신사업 분야의 스타트업이 사업화 혹은 글로벌화에 어려움을 겪고 있음. 기술 혁신에 따른 일자리 감소를 상쇄할 만큼 새로운 일자리가 충분히 창출되지 못하고 있음.

4. 혁신은 필연적으로 불균형을 유발하나 사회의 새로운 공동선을 창출하는 플러스 섬으로서, 2차 분배를 통해 불균형을 조정하며 포용 성장을 유도할 수 있음. 이러한 성장의 대표적 사례로 미국과 독일이 있음.

5. 한국은 효율성 중심의 추격 전략에서 혁신 중심의 탈추격 전략으로 패러다임의 전환이 필요하며 이를 위해 '실패의 갈등', '성공의 갈등', '지속성의 갈등'을 해결해야 함. 혁신 성장은 '규제 장벽 철폐', '혁신의 안전망 구축', '기업가정신 확산'에 있음.

6. 우리나라는 혁신의 원천은 있으나 규제에 가로막혀 있음. 규제 역학을 고려해 현재의 개별 규제 개혁에서 비용과 편익 관점의 규제 개혁을 제안함.

6-1. 규제 개혁 세력과 규제 수호 세력의 불균등한 역학관계 해소를 위해 대통령의 리더십이 필요하며, 장기적으로 '소비자 후생 중심'이라는 원칙하에 규제

개혁 시스템을 재구축해야 함.

6-2. 개별 규제 개혁 시스템에서 데이터를 기반으로 수집·분석·처리하는 통합 시스템으로 전환할 것을 제안함. 특히 비용·편익 분석에서 인공지능 도입을 강조함.

한국 혁신 성장의 현주소

한국은 1990년대 3차 산업혁명에서 네이버, 카카오 같은 벤처 기업들의 약진으로 일본과 유럽을 앞서면서 글로벌 IT 강국으로 부상했다. 이제는 데이터를 통해 현실과 가상세계가 융합되는 패러다임 전환이 진행되고 있다. 전 세계 혁신의 70%가 O2O 영역에서 이루어지고 있으며, 세계 10대 기업과 유니콘 기업의 70%가 데이터 융합을 핵심 영역으로 삼고 있다. 그러나 한국은 '데이터 쇄국주의'를 펼치며 4차 산업혁명으로 제대로 진입도 하지 못하는 실정이다.

클라우드 트래픽을 보면 우리나라의 실태가 적나라하게 드러난다. 클라우드 트래픽은 4차 산업혁명의 바로미터라고 할 수 있다. 시스코에 따르면 세계 클라우드 트래픽은 90%를 넘었으나 한국은 공공 분야까지 모두 합해도 10% 대에 머물고 있다. 우리나라는 세계 최초로 '클라우드 특별법'까지 제정했지만 그 활용이 매우 저조하다. 반면 우리의 경쟁국들은 특별법 없이도 '클라우드 퍼스트'에서 '클라우드 온리'로 정책을 발전시키면서 혁신을 선도하고 있다.

게다가 데이터 기반의 개인별 맞춤 서비스도 한국에서는 구현하기 어렵다. 강도 높은 개인정보 보호 규제가 있지만 개인정보의 활용만 어려울 뿐 안전하지는 않다는 것이 불편한 진실이다. 법률 체계가 우리나라와 다른 미국뿐만 아니라 유사한 일본과 유럽에서도 4차 산업혁명에 대비해 개인정보 보호법 개정이 이루어졌다. 그러나 한국에서는 '데이터 3법'이 2020년 1월 국회 본회의를 우여곡절 끝에 통과하기는 했지만 여전히 여러 가지 장애물이 산적해 있다.

온오프라인 융합을 기반으로 하는 신규 서비스도 사회적 갈등으로 어려움을 겪고 있다. 차량 공유 서비스 '타다'와 관련한 법적 다툼은 기술보다 제도가 혁신 성장에 더 중요하다는 것을 보여준 대표적 사례이다. 유-헬스U-Health의 선두주자이던 한국은 원격의료를 원천적으로 봉쇄하고 있고, 세계적으로 빠르게 시도했던 핀테크FinTech도 규제에 묶여 있는 사이 후발주자로 뒤처져버렸다.

문제는 이러한 규제의 진입장벽이 금융, 헬스케어 같은 고부가가치 스타트업의 성장을 저해한다는 점이다. 이 때문에 우리 사회는 일자리가 감소하는 반면 이를 대체할 새로운 일자리를 창출하는 데 어려움을 겪고 있다. 데이터 쇄국주의의 타파와 진입장벽 해소가 4차 산업혁명을 성공으로 이끄는 핵심 과제이다.

3대 갈등을 넘어

혁신 성장을 논하기 전에 경제를 바라보는 관점에 대한 고민이 필요하다. 경제를 보는 시각에는 제로섬과 플러스섬 두 가지가 있다. 제로섬 관점에서 부의 형성은 다른 누군가의 부를 가져오는 것으로 해석하며 불평등을 착취의 결과로 본다. 이런 관점에서는 누군가의 부의 증가는 다른 사람의 부를 감소시키는 것이기 때문에 필연적으로 갈등이 야기된다. 반면 플러스섬 관점에서 부는 새로 창출된 공공의 가치를 분배한 것으로서 혁신에 대한 보상으로 본다. 기업가의 창조적 혁신이 사회에 공공의 부를 만들고 그 일부를 가져간다는 것이다.

1987년 노벨경제학상을 수상한 경제학자 로버트 솔로는 미국 경제의 성장 요소로서 자본과 노동보다 기술 혁신이 중요하다는 것을 실증적으로 밝혔다. 대런 애쓰모글루는 방대한 사례 연구를 기반으로 "국가 발전의 원동력은 기업가정신을 기반으로 한 혁신에 있으며, 창조적 도전 추구의 혁신을 뒷받침하는 국가는 발전하고 혁신을 규제하는 국가는 퇴보한다"고 결론지으며 이를 '포용적 성장'이라 명명했다.

한국은 창조적 도전을 추구하는 포용적 제도를 갖추었는가? 안타깝게도 한국의 제도는 사전 규제가 과도해 혁신이 일어나기 어려운 구조다. 이러한 시스템이 과거에는 성공 전략이었다는 점 때문에 쉽게 변화를 꾀하지 못하고 있다. 한국은 패스트팔로fast follow 시스템으로 한강의 기적을 만들었다. 그러나 재도약을 위한 창조형 혁신 전략으로는 적절하지 않다. 이제는 실패를 피하는 전략이 아니라 성공을 만드는 전략이 필요하다. 사후 평가 그리고 전체를 평가하는 방식의 전략이 요구되는 시점이다. 효율에서 혁신으로의 패러다임 전환이 우리의 당면 과제다. 즉 '틀리지 않는 전략'에서 '다르게 성공하는 전략'으로 방향을 조정해야 한다.

혁신의 열매는 달콤하지만 혁신으로 가는 길은 험난하다. 혁신의 길에는 세 가지 갈등이 있다.

첫째, '실패의 갈등'이다. 혁신은 수많은 실패를 지나 탄생한다. 실패에 대한 지원이 없다면 혁신을 기대할 수 없다. 미국과 중국의 창업 열기에는 재도전 기업가를 차별하지 않는 사회안전망이 중요한 역할을 하고 있다.

둘째, '기존 산업과의 갈등'이다. 대표적인 예로 원격의료 사례와 차량 공유 사례가 이를 잘 보여준다. 혁신으로 저부가가치 분야에 창조적 파괴가 일어나 자원이 고부가가치 산업으로 이동하면 국가는 전체적으로 발전한다. 그러나 이 과정에서 필연적으로 갈등이 발생한다. 혁신이 없는 사회는 갈등은 없으나 발전도 없다는 것이 지난 250년간의 산업혁명이 주는 교훈이다.

마지막으로 '지속성의 갈등'이다. 혁신에 성공한 기업가는 부와 명예를 얻지만 대중과의 갈등 상황에 놓인다. 혁신은 불평등을 야기하고, 불만이 차오른 사람들은 혁신가를 비난한다. 예로부터 지속가능한 성장을 위해 노블레스 오블리주를 강조하는 이유다.

그렇다면 3대 갈등을 넘기 위한 혁신 성장 모델을 어떻게 설정해야 하는가? 성장과 분배를 국가의 양대 목표로 삼고 기업가정신과 안전망을 통해 성장과 분배가 선순환을 이루도록 해야 한다.

혁신은 기업가와 제도의 상호작용으로 이뤄진다. 기업가정신의 위축은 국가 전체의 위축으로 이어진다. 그렇다면 기업가정신의 고취를 위해 무엇이 필요한가? 기업가정신이 불확실성에 대한 도전임을 이해하고, 실패한 기업이 재도전할 수 있도록 지원하는 안전망이 필요하다. 동시에 혁신에 대한 보상과 비혁신 분야에서의 수익 과세를 통해 사회 자원이 혁신에 투입될 수 있는 환경을 조성해야 한다.

동시에 혁신의 과실을 공정하게 나누는 분배 전략이 필요하다. 최소한의 삶의 질을 보장하는 사회안전망, 생산성에 비례한 임금, 그리고 부에 대한 신뢰와 투명성 확보가 동반되어야 한다. 그리고 이러한 혁신과 분배가 선순환되도록 조세와 기부로 투명성을 높이고, 성실한 납세자와 기부자에게 명예를 주어야 한다. 조세와 기부가 공적인 영역에서 혁신과 분배를 순환시킨다면 투자와 소비는 민간 영역에서 그러한 역할을 하는 것이다. 기업의 수익이 지속적인 투자로 이어질 수 있는 정책과 부자들의 정당한 소비가 장려되어야 한다.

기업의 혁신을 통해 창출되는 부는 국가 전체에 영향을 미치므로, 기업가정신을 고취시키는 토양은 지속가능한 국가가 되기 위한 필요조건이라고 할 수 있다. 그리고 기업가가 창출한 부가 소득 양극화를 낳지 않도록 방지하는 '포용적 분배'는 지속가능한 성장의 충분조건이라 할 수 있다. 혁신으로 성장하고 포용으로 분배함으로써 국가는 지속가능한 성장을 할 수 있다.

혁신 성장을 저해하는 구조

규제는 공공의 목적과 사회적 수요를 충족시키고, 민간 부문의 경제 활동에 제약을 가한다. 이러한 점에서 민간 부문에서는 규제가 혁신에 방해가 된다고 인식할 수 있다.

고전경제학에서는 규제가 생산 비용을 증가시키고 혁신을 저지하는 측면이 있다고 보았다. 세계은행은 혁신의 성과지수와 비즈니스 환경 순위를 분석해 혁신과 규제는 역의 관계라는 것을 입증하기도 했다. 반면에 엄격한 규제가 기업들이 기술을 개선하도록 촉진해 혁신의 계기가 되기도 한다는 시각도 있다. 이처럼 규제에는 양면성이 있다. 규제 자체는 잘못된 것이 아니다. 시대에 맞지 않은 규제가 문제다. 그래서 규제가 혁신을 저해하는 걸림돌이 되지 않게 하는 것이 중요하다.

세계경제포럼의 2018년 통계에 따르면 한국에서는 규제가 기술과 시장의 역량을 따라가지 못하고 있다. 한국의 금융 시스템은 19위, 기업의 역동성은 22위로 비교적 높은 순위를 차지했다. 그러나 스타트업 초기 비용은 93위, 기업가적 위험 감수는 77위, 규제 부담은 79위, 법률의 체계성은 50위에 머물러 제도적 역량이 현저하게 떨어지는 것으로 나타났다. 사회 구조적으로 혁신이 발현되기 어려운 것이다. 규제로 인한 사회적 비용은 GDP의 11%인 158조 원으로 추정되며, 특히 시장 규제 비용은 103.5조 원으로 2006년 대비 59.2%나 증가했다. 지금의 한국 경제는 기술이 번 것을 제도가 까먹는 구조가 된 것이다.

규제 거버넌스 및 시스템 혁신의 방향

혁신 성장 전략을 효과적으로 추진하려면 먼저 규제 혁신을 위한 정확한 상황 진단이 필요하다. 비용과 편익의 관점에서 규제 문제는 공익과 사익의 충돌이라는 점에 주목할 필요가 있다. 법률 개선을 위한 영향 평가에 드는 비용과 시간, 규제 혁신의 역작용과 이에 따른 책임, 과도하게 많은 민원과 이에 따른 업무 부담 증가, 관련 규제 파악의 복잡성(입지, 환경 등), 체계 구축에 필요한 예산의 부족, 그리고 업무에 따른 부처 협의 등이 이러한 범주에 속한다.

모두를 위한 일이라는 명목으로 일부 구성원에게 피해를 주는 규제가 때로 강요되고, 이를 관철하기 위해 강제력이 동원된다. 그렇기 때문에 규제는 사회적 가치를 담보해야 한다. 지속가능한 규제를 만들기 위해서는 이해관계자의 이익이 승화되도록 규제 거버넌스를 설계해야 한다.

지금까지 진행된 규제 개혁 정책은 '규제 총량제', '규제 일몰제', '규제 샌드박스' 등 개별적 정책 위주였으나 그 실효성은 크지 않았다. 이는 규제 유지를 바라는 이익집단이 혁신 세력을 힘으로 누른 결과라고 할 수 있다. 따라서 규제의 역학관계를 분석하고 규제 개혁의 방향을 도출하고자 한다.

규제의 역학은 경제적 역학과 정치적 역학으로 구성된다. 경제적 역학은 참여자의 이해관계를 경제적으로 분석한 것이며, 정치적 역학은 이해집단의 상호작용 관계를 분석한 것이다.

경제적 역학의 대표적인 사례는 사전 규제다. 지금의 사전 규제 방식은 태생적으로 우량과 불량의 미분리라는 한계를 가진다. 예를 들어 KTX의 모든 탑승객에게 기차표를 검사해 불편을 가중시키는 것이나, 기업의 도덕적 해이를 예방한다고 창업 절차를 까다롭게 만들어 창업 자체가 감소하도록 만드는 것이다. KTX가 무선 좌석 확인 시스템이라는 사후 평가 방식과 징벌적 배상으로 규제를 개선한 것처럼 사회 전반에서 이러한 방식을 벤치마킹할 필요가 있다.

정치적 역학은 '좋은 정부의 역설', '일하는 국회', '이익집단화', '규제의 포획 이론' 등으로 설명된다. 좋은 정부의 역설이란, 모든 불량을 걸러내기 위해 정부가 나서서 감사를 하면 이것이 과도한 사전 규제를 촉발한다는 것이다. 행정이 '실패하지 않는 것'을 최우선 과제로 삼을 때 복지부동의 관료 사회가 만들어지는 이유다.

일하는 국회는 법률 제정의 양으로 국회의 성과를 평가한 결과 불필요한 법률이 제정되거나 이익단체의 우산 법률이 제정되는 현상을 가리킨다. 법률 제정 단계에서 규제영향평가를 실시해야 하며, 법률 폐지 역시 성과로 측정할 필요가 있다. 또한 제정된 법률을 통해 이익을 얻는 집단이 생기면 규제 개혁을 회피하기 위한 추가 규제가 만들어지기 쉬우므로 단기적 성과보다 장기적 성과에 목적을 두어야 한다. 예를 들어, 개별 의료비를 통제하는 것보다 의료의 일정 부분을 시장에 개방해 전체 의료비를 줄이는 것이다.

마지막으로 규제의 포획 이론은 규제가 일종의 권력으로 작동하는 것을 말한다. 예를 들어, 공무원이 권력을 유지·확장하기 위해 법령 미근거 규제와 지방 조례 규제들을 만드는 것이다.

여기에 이익집단이 강력한 영향력을 행사하면서 정·관·산의 삼각편대가 만들어지고 있다. 이러한 규제 역학을 고려한다면, 규제 개혁의 계층을 분리해 적은 비용으로 가장 큰 규제를 우선적으로 개혁할 수 있도록 하는 측정 도구를 마련할 필요가 있다. 그리고 규제 개혁을 위한 시스템 개혁도 동반되어야 할 것이다. 이를 위한 방안으로 '규제 거버넌스', '규제 시스템', '개별 규제', 세 가지를 제안한다.

소비자 후생 중심 및 AI 기반의 규제영향평가

규제 개혁이 어려운 원인으로 규제 수호를 바라는 이익집단과 개혁 세력 간 힘의 불균형을 지적했다. 그렇다면 이러한 비대칭 구조의 대안은 무엇일까? 단기적으로는 대통령의 리더십이 필요하고, 장기적으로는 '소비자 후생 중심'을 규제 개혁의 대원칙으로 삼아야 한다.

정치, 관료, 산업의 이익집단이 구축한 규제의 삼각편대에 비해 규제 개혁 세력은 조직화되지 않았다. 대중과 소비자보다 택시 사업자와 NGO의 목소리가 더 큰 영향력을 발휘하는 이유다. 흩어진 집단들을 단기간에 조직화하는 것은 어렵다. 그러나 대통령의 리더십이 발휘된다면 이러한 불균형을 해소할 수 있다. 실제로 대통령의 리더십을 통한 규제 개혁에 세계가 주목한 적이 있다. 바로 김대중 정부 시절로, 당시 대통령의 적극적 개입하에 규제의 30%가 철폐되었다.

그러나 5년마다 바뀌는 대통령 리더십에만 의존할 수는 없다. 규제 개혁은 궁극적으로 국가 전체의 편익을 극대화한다는 관점에서 접근해야 한다. 특정 규제를 만들고 없애는 데 초점을 두는 것이 아니라 규제의 비용 대비 편익을 높이는 방안을 찾자는 것이다. 그래서 전체에게 이익이 될 경우 소수 이해관계자들의 문제로 규제 개혁이 저해되지 않도록 소비자 후생 중심이라는 원칙을 정립할 것을 제안한다.

규제 거버넌스가 정립되었다면 이를 구현할 시스템이 필요하다. 피터 드러커는 "측정되지 않으면 관리될 수 없다"라고 말했다. 지금까지 우리의 규제 개혁 시도가 성과를 내기 어려웠던 이유도 여기에 있다. 매년 규제 총량을 측정하던 것이 2015년에 멈추면서 대한민국에 규제가 몇 개인지에 대한 명확한 통계가 사라졌다(단, 2015년 기준 1만 5천 개로 추정된다). 그리고 복잡하게 얽힌 규제들이 서로 어떤 관련성이 있는지는 담당자조차 파악하기 어렵다. 규제 시스템도 혁신이 필요하다. 데이터를 기반으로 측정하고 관리할 수 있는 '인공지능 기반 규제영향평가'를 다음과 같이 제안한다.

• 규제 맵

규제 활용은 대중과의 소통이 중요하므로, '규제 맵'과 열린 검색 등을 통해 대중들이 어떤 규제가 있는지 쉽게 찾아볼 수 있게 하는 것이 활용을 높이는 좋은 방법이다. 예를 들어, 기업의 업종 및 규모, 소재 지역을 고려해 개별 기업에게 적합한 활동(공장 건설, 인·허가)과 관련한 규제의 내용을 파악할 수 있도록 사용자 편의성을 제공하는 것이다. 복잡하게 얽혀 있는 특허들의 관계를 파악하기 위해 이미 '특허 맵'이 운영되고 있으므로 이를 참고해 '규제 맵'을 구현해보자는 것이다.

• 규제 내비게이터

규제 데이터베이스DB를 체계화하고, 규제 접근성 개선을 위해 온라인 검색으로 전체 규제 현황을 국민들이 쉽게 볼 수 있게 하는 '규제 내비게이터'를 제안한다. 국가 규제 DB를 체계화된 '규제 맵'으로 정리하고 대형 포털 및 스마트폰을 활용해 실시간으로 검색할 수 있다면, 기존 규제의 정보 비대칭으로 인한 중소·벤처 기업들의 애로사항들이 상당 부분 해결될 수 있을 것이다.

• 규제 처리 플랫폼

규제 처리 플랫폼을 통해 규제 처리의 신속성과 효율성의 향상 그리고 반복 규제 처리의 룰을 확립할 수 있으며, 인공지능과 빅데이터와 데이터 처리 기술을 접목할 수 있다. 실제 2009년 기업호민관실(현재의 옴부즈만실)에서는 최초로 스마트 규제 처리 플랫폼을 구축했고, 이를 통해

'규지스'라는 규제 DB를 개방했다. 그 결과 반복되는 악성 민원에 대한 대처 능력이 향상되었고 규제 처리 효율이 증가되었다. 특히 보톰업bottom-up 방식의 규제 발굴로 국민의 현실적인 애로사항을 수렴할 수 있다.

　이러한 과정을 통해, 현존하는 1만 5천여 개(추정)의 규제 DB를 기반으로 한 규제 맵과 내비게이터를 만들고 선순환 피드백이 이뤄지도록 할 수 있을 것이다. 이 과정에서 인공지능 규제영향평가 시스템을 활용하면, 규제 맵과 규제 내비게이터를 만드는 역할, 챗봇 및 문자메시지 등을 통한 대국민 서비스 역할까지 가능하다.

• 인공지능 기반 규제영향평가

인공지능 규제영향평가는 비용과 편익에 영향을 미치는 요소들을 산정하고 이들 간의 상관관계를 분석하는 방법으로서 지금은 전문가들에 의해 진행되고 있다. 각 부처에서는 인공지능을 도입해 규제 상관관계식을 직접 작성하도록 하며, 각 요소의 변화를 각종 통계 DB에 연계시킴으로써 규제가 끼치는 영향을 자동적으로 파악할 수 있게 하자는 것이다. 그리고 기존 규제영향평가와 유사한 규제들을 그룹화해 인공지능이 학습하도록 하되, 초기에는 전문가들의 검토를 통해 미진한 부분을 보완할 필요가 있다. 그러나 점차적으로 데이터가 축적되고 알고리즘이 정교해진다면 모든 분야에서 활용될 수 있으며, 실시간 규제영향평가로 포지티브 방식의 규제 시스템이 가지는 한계를 극복할 수 있을 것으로 기대된다.

마지막으로 개별 규제에서는 한국만의 '갈라파고스 규제'도 해결되어야 한다. 재화와 자본만이 아니라 서비스도 글로벌화되는 글로벌 4.0 시대에 한국의 서비스 산업은 글로벌화되지 못하고 있다. 한국은 유-헬스라는 단어를 만들었음에도 원격의료를 원칙적으로 금지하고 있다. BTS와 같은 아이돌의 활약으로 수천만 외국인들이 한국에 관심을 가지고 있으나, 국내 관광에서 외국인들이 유용하게 활용 가능한 승차 공유 등의 기본적인 서비스들은 규제되고 있다. 또한 세계에서 가장 높은 학구열에도 불구하고 교실에서 무선 와이파이조차 규제되는 현실에서 에듀테크의 성장을 기대하기는 어렵다. 금융에서도 간편 결제나 P2P 금융 서비스를 가장 먼저 시작했으나, 규제로 10년을 허비하는 동안 후발주자로 뒤처졌다. 혁신으로 가는 길에서 발생하는 갈등을 회피한 결과 국가의 경쟁력은 계속해서 퇴보하고 있는 것이다. 소비자 이익을 최우선으로 신규 서비스에 대한 과도한 진입장벽을 철폐하는 게 시급하다.

2 전통 산업 전략:
투트랙 전략과 스마트화

. . . .

제조업 혁신·전환 전략

요약문

1. 전통 산업(제조업)의 문제는 생산성 향상과 발전 과정에서 자동화를 지체시키는 조직문화로부터 기인함.

2. 현대자동차의 '기민한 생산 방식'으로 대표되는 전통 산업의 자동화 강화는 숙련 노동자를 배제시키고 숙련 자체를 평가절하하도록 재편되어 있음. 이는 실업 및 비정규직화 증가를 야기해 사회적 갈등을 높이고 있음.

3. 제조업 르네상스, 리쇼어링 같은 제조업 회복 정책을 미국 등 제조업 선진국가들이 채택하고 있음. 그 결과 노동에 대한 수요를 높이지 못하고 연구개발과 설계 엔지니어링에 대한 수요만 증대시킴.

4. 기존 작업장에서 학습된 숙련을 넘어서 4차 산업혁명에 필요한 기능에 맞

게 노동자들을 재배치하는 것이 필요함. 이를 위해 '학습 - 노동 - 재진입'이 가능한 사회를 만들어야 함.

5. 고도화된 제조업의 핵심 요인은 자동화나 모듈화 등 기술적 요인뿐만 아니라 조직문화와 인적 자원 개발 등의 일터 혁신도 있음.

6. 일터 혁신에서 세대 간 문화 차이와 일하는 방식의 차이를 주목해야 함. '현장'에서 '현물'을 보고 '현실'을 파악하는 '3현주의' 관점 그리고 3D 카메라, CAD, 시뮬레이션으로 문제를 해결하는 엔지니어들의 일하는 방식 차이를 어떻게 해결할지가 관건임.

7. 한국의 제조업은 수도권은 구상을, 지방은 생산을 하는 지리적 이원화 분업 구도 또는 생산까지 수도권으로 이전되는 수도권 집중 현상에 노출되어 있음. 이를 타개하지 않으면 이탈리아처럼 2개의 형태로 국가가 나뉘거나, 영국의 브렉시트 혹은 미국의 미국 우선주의 같은 반동적인 사회적 갈등이 발생할 수 있음.

8. 지방 산업도시 엔지니어들의 고충을 해결하는 것이 제조업 엔지니어의 숙련과 지역 균형 발전을 동시에 이루는 방향임.

8-1. 여성의 정규직 일자리 창출을 위해 전통 산업에서 여성 엔지니어를 위한 일자리를 만들어야 함. 정책적인 관점에서는 도시화를 적극적으로 받아들여 '초광역화'된 동남권의 아이디어를 벤치마킹할 필요가 있음.

제조업의 역사와 자동화

제조업은 한국이 '중진국 함정'을 돌파하고 5대 제조업 강국으로 자리매김하는 데 중요한 역할을 했다. 완성품 제조에 특화된 추격형 전략을 넘어서, 이제는 세계 시장에서 주도권을 잡고 새로운 혁신과 제조 생태계를 구축하기 위한 탈추격형 혁신 방식으로 진화하는 중이다. 그럼에도 풀어야 할 문제들이 산적해 있고 미래 관점에서 이를 조망해볼 필요가 있다.

한국 전통 산업의 미래를 파악하기 위해서는 자동화와 일자리에 대한 이해가 필요하다. 한국은 현재 제조업 분야에서 세계 최고 수준의 자동화를 달성하고 있다. 이는 어떠한 과정을 거쳐 이룩된 것인가? 역사적 궤적을 살펴보자.

1968년 포항제철 설립을 필두로 1973년 수출을 목표로 하는 박정희 정권의 중화학공업화가 진행됐다. 중공업을 육성하기 위해 정부는 차관, 원조, 기술 전수 등 국가가 가진 모든 역량을 투입했다.

1970년대에는 '엔지니어링 어프로치engineering approach'(다양한 데이터를 이용해 가장 합리적이고 이익이 되며 위험이 적은 공장 건설 방법을 발견하는 것)가 지배적인 철학이었다. 엔지니어링 어프로치의 가장 중요한 특성은 정치나 감정이 개입할 여지를 남겨놓지 않는다는 점이었다. 유일한 성공 지표는 경제적·공업적 효율성과 이익의 극대화였다. 이러한 목표는 평화시장의 전태일 그리고 현대조선의 첫 번째 선박 공사에서 목숨을 잃은 수십 명의 희생을 통해 달성되었다. 근대화와 산업화는 노동자들의 참여가 아닌 동원을, 성과 공유가 아닌 검약의 강제를 통해 이룩되었다. 공학적 합리성은 있었지만 그 내용은 철저히 테크노크라트(기술관료)와 기업 상층부의 전유물이었다.

1980년대에는 노동자 대투쟁을 거치며 70년대 산업화의 특징인 '동원'과 '궁핍'을 당연한 것이 아니라 조율되어야 하는 것으로 규정했다. 노동조합이 설립되었고, 임금과 복리후생 문제가 임금 단체 협상을 통해 조율되자, 임금 상승이 가파르게 이루어졌다. 기업들은 한편에서 '한 식구'를 만들기 위한 기업문화 활동을 전개하기 시작했다. 파업으로 조업이 중단되는 것을 막고, 근로자를 미세 관리하기 위한 노무관리도 병행했다. 회사가 성과를 내면 그 몫을 잘 조율된 형태를 통해 노사가 나눠 갖는 이상적인 산업 민주주의에 가까웠다. 울산, 거제, 포항 등 동남권 산업도시에서는 사장부터 신입사원까지 모두 작업복을 입고 체조를 하는 문화까지 생겼다.

그럼에도 불구하고 이후 30년이 넘도록 노동과 자본 간의 갈등이 해결되지 않았다. 적대적 노사관계를 가진 회사들은 끊임없이 분규에 휩싸였다. 지금도 이윤을 극대화하고 비용을 줄이기 위한 시도는 끊임없이 진행 중이다. 그 핵심에 자동화가 있다. 1990년대 이후 현대자동차의 생산 혁신을 연구해온 사회학자 조형제는 현대자동차의 생산 방식을 '기민한 생산 방식'으로 설명했다. 기민한 생산 방식은 두 가지 특성을 가진다. 하나는 생산직 노동자의 숙련도에 의존하지 않아도 될 만큼 자동화를 극대화시키는 것이고, 다른 하나는 병렬로 동시 작업을 할 수 있도록 모듈화를 극대화시키는 것이다. 오랜 기간 '축적의 시간'을 지나며 얻은 노동자의 숙련은 자동화 기술로 대체되어 의미를 잃는다. 기존에는 공장에 새로 입사한 근로자가 자동차 의장 조립 과정을 위해 수개월의 OJT On the Job Training를 받아야 했다면, '기민한 생산 방식'의 작업장에서는 누구나 며칠간만 교육을 받으면 기존에 숙련 노동자가 하던 작업을 해낼 수 있다.

　제조업 혁신의 종류에는 '자본 절감형'과 '노동 절감형'이 있다. 현대자동차 사례는 투입되는 노동의 질과 양을 절약하는 '노동 절감형' 혁신이다. 한국 제조업의 경로는 현대자동차의 노동 절감형 혁신을 따르게 되었다. 로봇으로 운영되는 작업장, 무無숙련 작업장이 완성되고 있는 것이다.

자동화 완성과 일자리의 변화, 그리고 안전망

자동화와 더불어 일자리 체제 변환이 함께 전개됐다. 생산직 노동자의 필요성을 감소시키는 과정에서 정규직 노동자 수는 비용이라는 관점에서 다뤄졌다. 정규직보다 비정규직을, 본사 직영보다 사내 하도급을, 작업장 내부 제작보다 아웃소싱을 선호하게 됐다. 그 결과 작업장 내부에서 이중 노동시장(원청 정규직과 하청 비정규직)이 형성됐다. 노사 간 단체 협상을 통해 보장된 연봉제(연차에 비례해 연봉이 올라가는 임금 제도)는 일자리 문제를 더욱 심화시켰다. 숙련도가 생산성에 크게 기여하지 못하는 상황에서 연봉제를 채택한 회사들은 정규직 생산직 채용을 기피한다. '연봉 1억 받는 귀족 노조원'이라는 사회적 비난은 과도한 측면이 있지만, 이것이 정규직 채용 감소의 원인으로 작용했다는 점은 부인할 수 없는 사실이다.

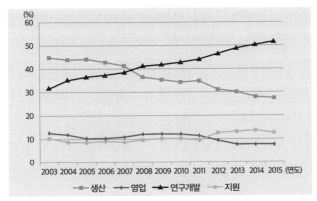

그림 12 LG전자 직종 구성 변화

(%)

2003 2004 2005 2006 2007 2008 2009 2010 2011 2012 2013 2014 2015 (연도)

■ 생산　＋ 영업　▲ 연구개발　◆ 지원

• 자료: LG전자 사업보고.

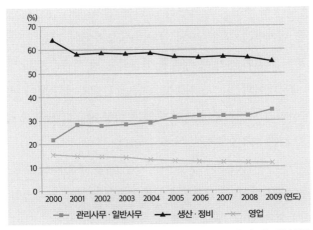

그림 13 현대자동차 직종 구성 변화

(%)

2000 2001 2002 2003 2004 2005 2006 2007 2008 2009 (연도)

■ 관리사무·일반사무　▲ 생산·정비　✕ 영업

＊2010년 이후에는 이 직종 기준으로 자료를 발표하고 있지 않음.
• 자료: 현대자동차 사업보고.

게다가 제조업의 완성품 공정이 해외로 이전되는 추세다. 중국과 동남아의 저렴한 노동력을 활용하는 동시에 거대한 소비 시장에 접근하는 자구책으로서 생산 기지 해외 진출이 본격화된 것이다. 문제는 더 복잡해졌다. 2010년대 들어 미국 오바마 행정부는 제조업의 '리쇼어링' 흐름을 만들어냈다. 해외로 옮겼던 공장들을 다시 본국으로 소환한 것이다. 국내의 집약된 엔지니어링과 생산 기술을 활용하면 생산성을 높임으로써 고임금을 상쇄할 수 있다는 것이다. 그런데 이 지점에서 '높은 인건비'를 받을 수 있는 대상이 누구일까? 리쇼어링을 통해 다시 창출되는 일자리는 직업을 잃은 생산직 노동자에게 돌아가는 게 아니다.

우리나라를 예로 들면, 리쇼어링을 통해 늘어난 일자리는 대졸 이상 엔지니어들이 차지한다. 현대자동차의 기민한 생산 양식을 고안한 엔지니어, 조선소의 도면을 그리는 엔지니어, 삼성전자 반도체 공정을 설계하는 엔지니어의 일자리가 증가했다. 더불어 상품 기획 단계부터 원천기술 개발, 개발된 기술의 공정 적용을 담당하는 연구 개발 엔지니어의 일자리 비중도 늘어났다. 일자리 구성이 변한 것이다. 자동화와 모듈화를 중단하지 않는 이상 정규직 생산직 일자리를 예전과 같은 수준으로 만들어낼 수 없다.

일자리를 만들어내는 것도 어렵지만, 창출된 일자리 구성이 유지된다는 보장이 없다는 것이 제조업의 미래에 대한 지배적인 예측이다. 여수에서 광양, 창원, 거제, 울산, 포항까지 이어진 산업 벨트의 도시들, 그리고 이미 쇠락이 시작된 대구·경북의 산업도시들은 숙련 노동력을 대체하려는 자동화에 대비해 어떻게 일자리를 만들어 낼 것인지 끊임없이 해답을 찾아내야 한다.

영국의 쇠락한 산업도시 뉴캐슬어폰타인의 실직한 노동자 이야기를 다룬 영화 〈나, 다니엘 블레이크〉가 던진 질문이 다가온다. 배운 것이라고는 오로지 기술밖에 없는, 그리고 아직 일을 더 해야 하는 노동자에게 사회는 어떻게 안정을 제공할 수 있는가? 4차 산업혁명이 요구하는 디지털 리터러시digital literacy와 거리가 멀고 일반적 학습에도 익숙하지 않은 이들에게 사회는 어떻게 의미 있는 미래를 보여주고 이들이 다시 뛰어오르도록 할 것인가?

이 지점에서 미래 산업 전략을 모색하기 위한 '학습-노동-재진입 사회의 조직'의 쟁점이 도출된다. 1970년대 중화학공업화 시기 한국은 노동력을 공급하기 위해 인력 공급 체계에 골몰했다. 산업부와 과학부는 엔지니어와 생산직의 수요를 예측해 대학 및 각급 교육기관과 직업훈련소 체제를 편성했으며 수급을 관리했다. 1990년대 초반까지 수많은 젊은 인력은 무상으로 기계공업고등학교를 다니거나, 기업이 정부의 위탁을 받아 만든 직업훈련소에서 교육을 받고 정규직 생산직 근로자로 취업했다. 유휴 인력을 생산 체제에 편입시키는 데 성공함으로써 5대 제조업 강국으로 올라설 수 있었다.

전통 산업에서 요구하는 노동 형태는 생산직에서 사무직과 엔지니어로 이동했다. 2000년대 디지털화 과정을 지나며 생산직 노동자 양성에 초점을 맞춘 직업 교육은 의미를 상실했다. 국가가 직접 수급을 관리하고 일자리를 '찍어내는' 방식 역시 민주화 사회에서는 통용되기 어렵다. 2015~2017년 조선업 구조조정 과정에서처럼 전통 산업이 제조업 고도화와 탈산업화의 문턱에서 부침을 겪을 때마다 대량 실직 사태가 벌어질 것은 자명하다. 이에 대한 대응 체계, 즉 일자리안전망을 좀 더 정교하게 설계하고 적용하는 것이 국가의 역할이다.

이러한 구조적 변화를 고려하지 않은 채 일자리 알선에만 급급했던 최근의 '고용위기지역 지정'은 불안전한 삶에 대한 문제를 여실히 드러내고 있다. 전국의 대학과 기술전문학교를 평생학습 체제 안에 통합하고 이를 노동-학습-재진입의 선순환 고리로 작동하게 할 필요가 있다. 1970년대부터 2000년대까지 조선업이 쇠락해온 스웨덴과 독일에서는 조선업 노동자들의 노동시장 재진입에 대한 연구들이 이뤄졌다. 이에 따르면 표준화된 재교육과 일자리 알선으로 운영되는 적극적 노동 정책은 실제로 노동자가 노동시장에 재진입하는 데 도움이 된다. 한국은 실업급여를 지급하는 정도의 소극적 노동 정책에 머무는 상태이다.

이를 개선하기 위해 노·사·정 대표 기구가 적대적 관계를 청산하고 적극적 노동 정책을 집행, 재교육과 일자리 알선을 실효성 있게 추진해야 할 것이다.

세대 간 조직문화의 차이와 일터 혁신

일터 혁신은 일하는 방식을 전환하는 것을 말한다. 일터 혁신을 평가하고 전략을 수립하기 위해서는 가장 먼저 제조업 선도 국가들과 한국에서의 작업장 관계를 살펴봐야 한다.

한국은 산업화 과정에서 일본식 작업장 운영 관계를 도입했다. 일본에서는 대학, 전문대학 혹은 기계공고를 졸업한 엔지니어는 가장 먼저 생산 관리자 업무를 맡는다. '기사'라고 불리는 그들은 현장에서 생산직과 작업 공간을 공유하며, 현물을 보고, 현실을 확인하는 '3현주의'를 익힌다. 숙련된 선배들이 일하는 방식을 습득하고 그들의 작업에 참여하는 수습 생활을 수년간 거친 다음, 경험이 충분히 쌓였을 때 사무실에 들어와 설계와 연구개발에 돌입하는 것이 그들의 전통이다. 관리직이지만 생산 현장에서 직무를 시작하는 것이다. 그렇기 때문에 일본의 엔지니어는 생산직 노동자와 심리적·직무적 거리가 멀지 않다.

또한 일본의 엔지니어들은 이직이 잦지 않고 평생고용 체계 안에서 엔지니어로서의 커리어를 마친다. 이 때문에 자신의 정체성을 엔지니어라는 직업에서 찾기보다 '도요타 맨'이라는 말에서 알 수 있듯 회사에 토대를 둔다. 이러한 3현주의를 배운 한국의 엔지니어들은 '작업장 엔지니어'라고 부를 수 있을 것이다.

이와 반대로 미국의 엔지니어는 직무를 생산 현장에서 시작하지 않는다. 그들은 설계 사무실이나 연구개발 센터에서 근무를 시작하고, 숙련된 다른 엔지니어에게 일을 배운다. 캐드CAD, Computer Aided Design가 없던 시절에도 생산 현장에서 일을 직접 익히기보다 설계 도면을 통해 배웠다. CAD 도입 이후 이들의 업무는 시뮬레이션을 하고 도면을 그리며 내부 실험실에서 결과물을 산출해 시제품을 살 피는 것으로 바뀌었다. 미국 엔지니어의 정체성과 성장 과정을 흡수 한 이들을 '랩 엔지니어lab engineer'라고 부르기도 한다. 물론 랩 엔 지니어도 생산 현장에 나가지만 자신들의 구상이 맞았는지를 살피 는 데 그친다. 반면 일본의 엔지니어는 세부적인 직무와 관계없이 자신들이 생산 현장의 어려움을 해결해준다는 생각을 가지고 있다. 이러한 인식의 차이는 생산직 노동자가 엔지니어에게 어떤 태도를 갖는지에 큰 역할을 한다.

한국의 엔지니어는 대학 진학률 변화와 정보통신 기술의 적용을 거치면서 세대별로 다른 문화를 갖게 되었다. 1970~1990년대에 진 입한 지금의 시니어 엔지니어는 현장과의 긴밀한 교류를 통해 직무 를 익히고 숙련도를 쌓아온 '작업장 엔지니어'다. 반면 2000년 이후 에 진입한 세대는 대학에서 논문을 읽고 연구실에서 실험과 시뮬레 이션을 반복하며 훈련된 '랩 엔지니어'다. 랩 엔지니어들은 CAD로 도면을 그리는 일과 학회 같은 외부 교류를 통해 지식을 쌓고 네트 워킹하는 일에 더 익숙하다. 또한 이들은 1997년 외환위기 이후 고 용 보장이 와해되는 것을 목도한 세대로서 한 회사에 평생 다닌다 는 생각보다 엔지니어라는 직업적인 정체성이 더 강하다.

한국 전통 산업의 문제는 세대 간, 직무 간 협업이 필요한 순간에 고스란히 드러난다. 현장에서 문제를 해결하려는 이들과 3D 카메라로 현장의 문제를 모델링해서 풀겠다는 이들의 가치관이 충돌하는 것이다. 조선업의 경우 설계 도면을 출력하느냐, CAD상에서 보고하고 직접 수정하느냐를 두고 엔지니어들 사이에 갈등이 발생한다. 일하는 방식을 어떻게 개선해야 할지 물으면 시니어는 소통이 더 활발해야 한다고 말하고, 주니어는 불필요한 서류 작업을 줄이고 ERP와 CAD를 활용해 업무를 최적화해야 한다고 주장한다. 현장과 교류해야 한다는 주장에 대해 주니어들은 가서 보기만 하면 무엇이 달라지냐고 묻는다. 회의를 자주 하기보다는 회의의 목표를 분명히 해 시간을 최소한으로 투입하고, 문제에 대해 골똘히 생각할 시간을 더 달라고 한다.

배움과 성장의 문제는 좀 더 본원적인 질문을 던진다. 암묵지, 즉 선배의 숙련을 어깨너머로 배운 지식을 말과 글의 형식으로 표현할 수 없는 시니어 엔지니어는, 컴퓨터 앞에 앉아 외부의 형식지를 습득함으로써 문제를 풀려는 주니어 엔지니어를 볼 때 불안을 느낀다. 모니터에 수많은 인터넷 창을 띄워놓고 멀티태스킹을 하는 모습이 일과 놀이의 경계가 없는 것처럼 느껴지는 것이다. 특히 언제든 이직할 수 있다는 생각을 가진 주니어 엔지니어의 태도는 회사형 인간들에게 허탈감을 주기 일쑤다.

산업 분야를 연구하는 베일리와 레오나르디에 따르면 주니어와 시니어 엔지니어가 느끼는 조직문화의 격차와 거리감은 업종의 특성에 따라 다르다.

모든 것을 프로그래밍으로 작업하는 IT 업계에서는 선후배 구별이 의미가 없다. 경험보다 새로운 트렌드를 빠르게 취득하는 것이 더 중요한 영역에서는 앞에서 말한 주니어 엔지니어 방식이 효과적이다. 이직을 막고 충성심을 강요하기보다는 구글처럼 일터를 놀이터처럼 만들어주어 성과와 잠재성을 동시에 평가하는 조직문화를 구축하는 것이 합리적이다.

반면 중공업 분야에서는 여전히 선배의 암묵지가 프로젝트 운영에 중요한 요소로 나타난다. 3현주의적 태도가 유효한 것이다. 이 경우 지속적으로 선후배 간의 소통 채널을 확대하면서 조직문화를 점진적으로 시대에 맞게 구축하는 것이 올바른 대응이 될 수 있다.

쟁점은 주니어 엔지니어의 문화를 수용하지 못하는 산업이 젊은 우수 인재를 지속적으로 유지할 수 있느냐는 것이다. 중국 조선업의 부상에 대해 크게 우려하지 않는 사람들은 공통적으로 중국의 가장 뛰어난 공학 인재들이 조선소로 향하지 않는다는 점을 지적한다. 그렇다면 한국의 최고 엔지니어들은 정보통신 기술을 도입하지 않고 산업화 시대의 현장 중심주의와 한국식 조직문화가 그대로인 조직을 선호할 것인가?

미국과 다른 한국 전통 산업의 특징은 한편으로는 업의 특성과 상관없이 자동화와 정보통신 기술을 적극적으로 도입한다는 것이고, 다른 한편으로는 그럼에도 불구하고 조직문화 재편은 더디다는 것이다. 주니어 엔지니어는 적극적으로 이직을 하고, 최고급 엔지니어들은 IT 업계나 하이엔드 엔지니어링을 구현하는 실리콘밸리로 진출하는 것을 어렵지 않게 고려할 수 있다.

하나의 해결 방안은 주니어 엔지니어들끼리 공유하고 협업하는 공간을 확보하는 것이다. 전통 산업에 근무하는 젊은 엔지니어들도 가장 열려 있는 첨단 산업과의 교류 방식을 공유할 수 있는 공적인 공간이 필요하다. 대규모 장치 산업에서 쌓은 도메인 지식을 토대로 스핀오프spin-off하거나 즉각적으로 창업하기는 어렵다. 내부 승진이라는 옵션은 고용의 안정성을 신뢰하지 않는 이들에게 큰 메리트가되지 않는다.

공유와 협업 공간은 주니어 엔지니어의 이동성 강화나 창업을 목표로 하기보다, 다양한 엔지니어 간의 마주침을 통해 배움과 성장을 이루고 나아가 현업에서 일터 혁신을 이루는 선순환 고리를 만드는 것에 목표를 두어야 한다.

전통 산업체들이 밀집한 지역의 대학을 활용하는 것이 핵심이 될 것이다. 또한 엔지니어링 이외의 부문에서도 세대 간 업무 방식의 차이와 상명하복 문화가 구조적으로 존재하는 현실에서 이를 개선하는 것도 중요한 과제다.

적극적 노동 정책과 '초광역권' 필요성

전통 산업의 지리적 노동 분업은 전 세계적인 트렌드이다. 생산 시설은 지방 산업도시나 개발도상국 사업장에 편재되고 고부가가치

작업인 연구개발, 엔지니어링, 영업, 경영 지원 등의 분야는 대도시에 집중되는 경향이 있다. 한국의 전통 산업은 2000년대까지는 생산, 엔지니어링, 연구개발 기능이 지리적으로 서로 인접해 있었다. 현대자동차의 연구소는 울산에, 조선업계 연구소와 엔지니어링 센터 역시 각각 조선소가 있는 울산과 거제에 있었다. 선진 제조업 국가로부터 이전해온 기술을 재빨리 국내 생산 현장에서 구현하는 추격형 혁신 전략을 취했기 때문이다. 추격형 혁신의 단계에서 중요한 것은 생산 현장과 엔지니어들의 긴밀한 협조를 통해 QCD quality-cost-delivery(품질-비용-납기)를 향상하는 것이었다. 그러나 2000년대 이후 추격형 전략이 한계에 다다른 상황에서 탈추격형 혁신이 본격적으로 시작되었다. 삼성전자의 스마트폰과 반도체, 현대자동차의 100% 국산화 승용차, 조선업계의 LNG 선박 등, 기업들은 세계 시장을 선도하는 제품을 만들어내는 데 성공했다.

또한 글로벌 경쟁으로 비용 절감 압박이 심화되면서 전통 산업에서도 지리적 노동 분업이 이루어졌다. 가장 최근까지 현장과 연구소가 근거리에 있던 조선업도 2010년대에 들어 연구개발 및 엔지니어링 센터를 수도권에 짓기 시작했다. 판교(삼성중공업, 현대중공업), 마곡·시흥(대우조선해양) 등에 엔지니어링 센터가 지어졌다. 조선업계 CEO들은 '우수한 인재'를 잡기 위해서는 수도권 진출이 필수라고 말한다.

SK하이닉스 역시 새로운 공장 부지로 용인을 낙점했다. 기존 반도체 클러스터가 있는 구미 등의 도시들이 공장 유치를 위해 애썼지만 결국 수도권에 공장을 지은 것이다. SK하이닉스는 "반도체 산업은 제조업이지만 또한 지식 기반 산업이기 때문에 수도권 입지가 합리적"이라고 주장했다. '생산은 지방'이라는 등식이 또 한 번 깨진 것이다. 앞서 언급한 생산 분공장과 상류 분야의 구별마저 사라지고 이제는 모두 수도권으로 몰리게 되었다.

전통 산업은 '천안 분계선'(심지어 최근에는 '기흥 분계선')을 들어 인재 확보의 고충을 말한다. 천안 이남에는 우수한 엔지니어가 오지 않는다는 것이다. 수도권에서 멀어질수록 지원을 꺼리는 젊은 공학도와 높은 이직률을 걱정하는 제조업계의 고민이 맞물려, 가능한 한 모든 부문을 수도권으로 이전하려는 시도가 나타나고 있다. 이러한 배경에서 현대중공업 엔지니어링 센터가 판교로 이전하는 것에 대한 노동조합과 지역 주민의 반발은 자연스러운 일이다.

하지만 지방을 기피하는 인재들을 비난할 일은 아니다. 그들이 수도권을 선호하는 데는 분명한 이유가 있다. 그중 하나는 젠더 문제다. 전통 산업은 남성 비율이 매우 높다. 자동차, 조선, 종합기계, 항공, 정유, 철강 모두 남성 직원 비중이 70%를 넘는다. 생산직 노동자로 한정하면 90% 이상이다. 대졸 이상 엔지니어로 한정해도 80% 가량이다. 전통 산업의 사업장이 위치한 거의 모든 도시의 성비는 남성이 월등히 많은 불균형 상태이다. 사내 하청이나 단기 노동자가 많은 동남권 도시에서는 인구 통계에 기록된 것보다 훨씬 많은 남성이 일을 하고 있다. 불안정한 신분 때문에 거주지 이전을 하지 않고 주변 산업도시들을 전전하면서 일을 하는 것이다.

달리 말하면 산업도시에는 여성을 위한 정규직 일자리가 없다. 여성이 가질 수 있는 직업의 종류는 원청회사나 하청회사 비정규직 혹은 교사, 공무원, 간호사에 한정된다. 여성의 일자리가 없었던 것은 제조업 성장 과정에서 임금과 복리후생이 급속하게 개선되어 '남성 생계 부양자 모델'이 가능했기 때문이다. 즉, 남성 혼자 벌어서 아내와 두 아이를 충분히 먹여 살릴 수 있었다.

수도권에서는 외환위기 이후 맞벌이가 일반화되었지만, 산업도시에서는 수출의 호조로 문화적 규범과 가족 경제 모델이 크게 변하지 않았다. 수도권 사람들 눈에 이는 낯설고 지체된 것으로 비춰질 수 있다.

4년제 대학의 남녀 비율은 얼추 균형을 이룬다. 공과대학도 여학생이 40%에 육박한다. 그럼에도 제조업계의 성차별적 채용 관행은 크게 변하지 않았다. 업계는 특별히 개선할 이유를 찾지 못한 채 우수한 인재를 뽑기 위해 수도권으로 사업장을 옮겨야 한다고 판단을 하는 셈이다.

산업도시는 공장이 떠나면 여타 지방 도시들과 같이 '지방 소멸'의 상황에 처하게 된다. 60대 이상 인구대비 20~30대 여성의 비율을 나타내는 지방 소멸 지표는 산업도시에 언제든 위기가 올 수 있음을 드러낸다. 산업도시는 19~20세 여성이 떠나고 20대 후반 ~30대 초반의 여성이 유입되는 패턴을 보인다. 해석하면 여성이 진학하거나 취업하면서 도시를 떠나고 결혼할 때 돌아온다는 것이다. 전통 산업이 어려워지면 여성이 산업도시로 유입될 유인이 더욱 사라진다. 산업의 구조조정과 쇠락을 겪은 군산과 거제에서 가장 먼저 도드라진 현상은 출생률 급감이다. 여성들이 경제적 불안감에 출산을 꺼리는 것이다. 거제는 조선업 구조조정을 겪은 2015~2018년 사이 출생률이 2.1에서 1.5로 떨어졌다.

수도권의 고급 엔지니어들은 지방에 가면 결혼이 힘들어지기 때문에 지방 근무를 꺼린다. 이들은 비슷한 수준의 대기업 정규직이나 전문직 여성을 선호하는 경향이 있다. 정규직 일자리가 없고 정주 환경이 대도시만큼 갖춰지지 않은 산업도시에 고학력 여성이 옮겨갈 일은 없다. 남성 중심의 조직문화, 수도권 지향적 인재 채용 방침, 지방도시의 열악한 인프라 등은 모두 악순환을 낳으면서 산업도시와 전통 산업에 위기를 제공하고 있다.

시니어 엔지니어는 주니어 엔지니어에게 결혼할 여자친구를 잘 사귀어서 데려오라고 설득한다. 결혼해서 정착하면 '한 식구'가 될 수 있으리라는 기대가 그들에게 있다. 하지만 주니어 엔지니어들은 기회가 될 때마다 수도권의 다른 회사로 이직을 시도한다. 소수 여성 주니어 엔지니어들이 고군분투하는 동안 점차적으로 여성 비중을 늘리는 것이 대안이 될까? 그럴 수도 있다. 하지만 문제는 그 전에 위기의 순간이 찾아온다는 것이다.

결국 여성 고용에 대한 제도적 압력과 산업도시의 지리적 재편이 필요하다. 우선적으로 다양성을 통한 전통 산업의 진화와 기업의 우수 인재 확보를 위해서도 여성 채용을 제도적으로 강제할 필요가 있다. 여성 친화적인 직장이 젊은 인재에게 친화적이라는 것은 정설이다. 기존의 경로 의존성을 깨는 방법은 역시나 국가의 적극적인 노동 정책(근로 조건, 업무 환경, 근로 문화 전반)을 통한 개입이다.

편재된 개별 산업도시의 경쟁력을 높이는 데는 한계가 있다는 주장이 많다. 게다가 중화학공업은 울산과 창원을 제외한 산업도시에서는 도시가 산업에 종속되는 결과를 만들어냈다. 거제(조선), 포항·광양(철강), 여수(정유)는 산업이 무너지면 즉시 도시 전체가 어려워진다. 공장이 떠난 도시의 비극을 그린 《제인스빌 이야기》의 공포가 언제든 재현될 수 있는 것이다. 그러나 기초 지자체의 대응 역량으로 산업의 다변화나 도심 정주 환경 조성을 추진하기는 역부족 상태다.

현실적인 대안으로 '초광역권 구상'이 떠오르고 있다. 초광역권 구상은 각 개별 도시가 아니라 경상남도, 부산, 울산을 합친 거대한 광역권을 하나의 발전 단위로 보고 전체적 관점에서 내부 연결성(전철)을 높이고 기반 시설을 구축해 큰 도시 역할을 하게 하는 것이다. 예컨대 거제는 고립된 섬이지만, 전철로 해운대까지 연결되는 순간 메트로폴리스의 특성화된 섹터가 된다. 엔지니어는 퇴근 후 지하철로 대학원에 다니며 석박사 과정을 이수할 수 있다.

산업도시를 생산 현장으로 특화시키더라도, 도심 내 선호 주거지역에 좀 더 자원을 집중하고 연결성을 강화시킴으로써 산업도시 사업장의 매력을 더욱 높일 수 있다. 도시의 이러한 확장은 여성 일자리 창출에도 도움이 될 것이다.

초광역권의 구상이 행정구역 경계의 확장에서 그치지 않고 경제적·산업적으로 의미를 갖기 위해서는 기존 산업과 긴밀한 연계성을 가져야 한다. 하지만 새로운 인프라를 구축하는 데 천문학적 비용이 소요된다는 문제점이 제기된다. 게다가 이것이 지역 갈등과 저항을 일으키고 정치적 쟁점으로 부상할 수 있다는 점을 고려해 신중하고 종합적인 검토가 우선되어야 할 것이다.

'소부장' 중소기업 고도화

요약문

1. 중소 제조기업은 제조업의 질적 전환에 핵심적인 플레이어임. 이들은 한 국에서 전체 고용의 80%, 매출의 40%를 차지하는 제조업의 중추임.

2. 한국 중소 제조기업이 겪는 고충은 인력 문제로 수렴됨.

2-1. 인적자원 개발에의 투자 비중이 적고 설비 투자 미비로 생산성이 떨어지 는 것을 저임금 노동자 활용을 통한 비용 절감으로 해결하고 있음. 따라서 우 수 인력의 유입이 힘든 상황임.

3. 기술 혁신 역량도 떨어짐. 대기업은 제조업 5대 강국의 위상에 걸맞은 수준 으로 연구개발에 투자하고 있으나 중소기업과 대기업 간 연구개발 격차가 큰 상황임.

4. 한일 무역분쟁 이후 소재·부품·장비 분야 중소기업에 대한 관심이 증가 함. 강소기업 경쟁력 강화를 선도한 독일의 정책을 참고할 필요가 있음.

4-1. 독일은 생산성 강화와 경쟁력 확보를 위한 중소기업 간 연결성 강화, 디 지털화에 필요한 인프라 투자와 지원 정책에 초점을 맞춤.

5. 인프라 투자의 관점에서 스마트팩토리, IoT, CPS 도입을 고려해야 하며, 기 술로 일자리를 대체하는 것이 아니라 중소기업을 질적으로 향상시키는 데 주 안점을 두어야 함.

5-1. 물류를 혁신하고, 애자일 방법론을 통해 조직문화 및 리더십을 창출할 수 있는 구조를 만들어야 함.

6. 원·하청 관계를 수평적으로 조정하고 하청 기업의 판매처 다변화를 유도해야 함. 지역 균형 발전과 중소기업의 인적자원 개발 전략을 연계하고, 회사와 근로자의 관계를 충성이 아닌 계약에 바탕한 관계로 재편해야 함.

6-1. 팹랩 등으로 형성되는 새로운 소규모 제조업의 에너지를 기존 생태계에 편입시킬 방안이 필요함.

한일 무역분쟁으로부터의 깨달음: 제조업 고도화

산업 전환의 핵심 플레이어는 중소기업이다. 중소기업을 주목하는 이유는 일차적으로 고용과 관련이 있다. 주요 산업의 대기업은 생산 기지의 해외 이전과 공정의 고도화를 추진하기 때문에 생산직을 많이 고용할 계획이 없다. 연구직과 설계 엔지니어 분야는 채용을 하지만 과거에 비해 제조업의 전체적인 고용은 한계에 다다랐다. 주요 공정이 수도권으로 집중해 지역 일자리 창출 차원에서도 전망이 어둡다.

중소기업은 아직 기술 혁신과 일터 혁신을 동시에 이뤄낼 여지가 있다. 진화의 관점에서 중소기업의 문제를 풀어나간다면 일자리 창출과 산업 전략 수립을 함께 성취할 수 있을 것이다.

중소기업이 겪는 고충은 인력 문제로 수렴된다. 고숙련 노동자가 희소해 몇몇 고숙련 노동자에게 많은 부분을 의존하는 것이 중소기업의 실태다. 중소기업의 낮은 생산성은 노동자의 숙련도가 낮기 때문이 아니라 자본 투자가 충분히 누적되지 않은 데 원인이 있다. 설

그림 14 제조업 사업체 규모별 업체 수, 고용, 매출액 비중

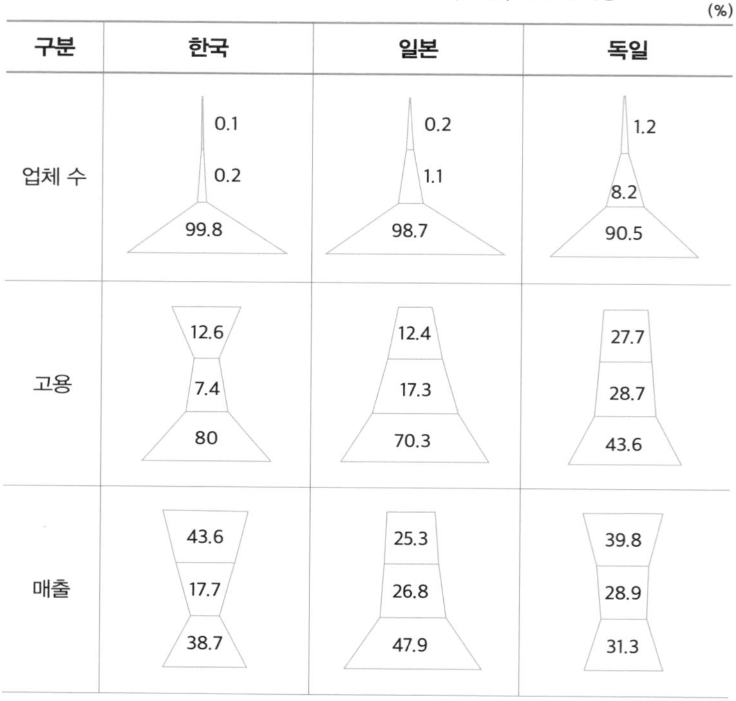

(%)

구분	한국	일본	독일
업체 수	0.1 / 0.2 / 99.8	0.2 / 1.1 / 98.7	1.2 / 8.2 / 90.5
고용	12.6 / 7.4 / 80	12.4 / 17.3 / 70.3	27.7 / 28.7 / 43.6
매출	43.6 / 17.7 / 38.7	25.3 / 26.8 / 47.9	39.8 / 28.9 / 31.3

• 자료: 안현호, 《한중일 경제삼국지 2》, 나남신서, 2017년, 280쪽.

비 투자를 위한 자본 조달에 어려움을 겪고, 투자를 해 생산성을 높이더라도 단가를 맞추느라 이윤 확보가 어렵다. 이 때문에 투자에 대한 동기부여가 낮다.

생산성이 확보되지 않는 상황에서 중소기업이 택한 해결책은 저임금 이주 노동자를 활용해 비용을 절감하는 것이었다. 단순 작업은 이주 노동자에게, 중요한 작업은 고숙련 노동자에게 맡기는 것이다.

그림 15 기업 규모별 월별 직원 교육 비용

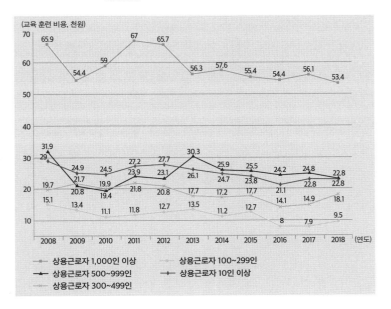

(교육 훈련 비용, 천원)

- 상용근로자 1,000인 이상
- 상용근로자 500~999인
- 상용근로자 300~499인
- 상용근로자 100~299인
- 상용근로자 10인 이상

자연스레 전체 인건비가 줄어들고 우수한 엔지니어는 중소기업을 떠나게 된다. 결과적으로 일터 혁신이 앞으로 나아가지 못하고 정체된다.

조직문화 개선과 인적자원에 대한 투자도 늘지 않는다. 〈그림 15〉의 그래프를 보면 월별 직원 교육 훈련 비용이 기업 규모에 따라 큰 차이를 나타낸다는 것을 알 수 있다. 1,000명 이상 대기업은 직원 1인당 한 달에 5~6만 원을 투자하는 반면 중소기업은 채 3만 원도 투자하지 않는다. 지역에서 대학을 졸업한 구직자들이 인력을 찾는 중소기업을 외면하는 이유도 여기에 있다. 더 가치 있는 업무, 임금 상승, 성장에 대한 기대가 사라지기 때문이다.

이것이 기업의 기술 혁신 역량이 부족한 원인이다. 혁신 역량을 평가하는 대표적인 지표인 'R&D 집약도'를 보면 대기업의 경우 일본(5.7%)-한국(5%)-독일(4.4%)-미국(3.3%) 순으로 우리나라가 독일과 미국보다 앞선 세계 최고 수준인 반면, 중소기업은 미국(4.1%)-독일(3.2%)-일본(2.2%)-한국(1.2%) 순으로 선진국에 크게 뒤처졌다. 게다가 앞서 말한 인력 문제 때문에 기술 역량이 축적되기 시작하는 5년이 지나기 전에 대부분의 연구개발 인력은 대기업으로 이직하고 만다.

우리나라의 중소기업 정책은 어떠해야 하는가? 일단 어떤 분야의 중소기업을 끌고 갈지에 대해서는 일정 부분 합의가 돼 있다. 바로 소재·부품·장비(이하 '소부장') 분야이다. 한국의 주력 산업은 선박, 자동차, 스마트폰 같은 완성품을 만드는 분야다. '소부장'은 일정 부분 대기업과 하청 관계를 맺고 있지만 고도화되지 않은 상태다. 제조업의 고도화 수준을 가늠하는 기준은 대체되지 않는 고유의 브랜드가 얼마나 있느냐이다. 예컨대 자동화율이 세계에서 가장 높은 한국의 공장에서 사용하는 장비는 대부분 화낙ファナック이라는 일본 기업이 만든 것이다. 정밀 부품은 독일산이 많다.

소부장 혁신이 당면 과제임을 깨우친 것은 2019년 7월에 시작된 일본과 한국의 경제 분쟁이 발단이었다. 반도체 제작에 핵심 소재이자 우리나라가 거의 전량을 일본 중소기업들로부터 수입하는 포

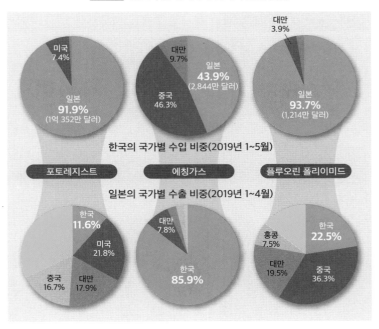

그림 16 일본 수출 규제 3개 품목 수출입 현황

미국
7.4%

일본
91.9%
(1억 352만 달러)

대만
9.7%

일본
43.9%
(2,844만 달러)

중국
46.3%

대만
3.9%

일본
93.7%
(1,214만 달러)

한국의 국가별 수입 비중(2019년 1~5월)

포토레지스트   에칭가스   플루오린 폴리이미드

일본의 국가별 수출 비중(2019년 1~4월)

한국
11.6%

미국
21.8%

중국
16.7%

대만
17.9%

대만
7.8%

한국
85.9%

홍콩
7.5%

대만
19.5%

한국
22.5%

중국
36.3%

토 레지스트, 플루오린 폴리이미드, 불화수소를 일본 정부가 화이트
리스트 제외 품목으로 고시한 것이다. 이는 세계적인 브랜드 가치
를 만들어온 한국 반도체 산업이 핵심 소재를 일본에 의존하고 있었
다는 경각심을 불러일으켰다. 이는 반도체 산업만의 문제는 아니다.
정밀화학 원료나 플라스틱 같은 소재류는 대체가 불가능한 일본산
이 많다.

산업 생태계의 핵심인 소부장 모두 독일과 일본에 대한 의존도가
높다는 점이 지적된다. 국산화 비중이 높은 선박이나 자동차를 제외

하면 많은 소부장 기업이 고도화와 자립을 달성하지 못하고 있다. 정부는 소부장 국산화를 위한 예산을 추가로 편성하고 2022년까지 5조 원을 투자하기로 결정했다. 한국 정부가 지소미아GSOMIA 종료를 연기함으로서 한일 무역분쟁은 더 이상 확산되지 않았지만, 그 과정에서 우리 산업 생태계의 약한 고리가 수면 위로 드러났다. 그러나 이를 통해 한국의 제조업을 고도화히는 계기로 삼는다면 우리에게 분명 긍정적인 기회가 될 것이다. 정치학자 마크 재커리 테일러는《혁신의 정치The Politics of Innovation》에서 국가적인 위기의식이 혁신의 밑거름이 된다고 주장한다. 어떻게 풀어내느냐에 따라 위기가 기회가 될 수 있다는 것이다.

두 가지 과제가 도출된다. 첫째는 소부장 중소기업의 경쟁력을 높이고 완성품 조립 분야와의 연결망 강화를 통해 '풀스택full-stack 제조업(소부장부터 완성품 생산까지 모두 해낼 수 있는 제조업)'을 구상하는 것이다. 둘째는 대기업의 연구개발과 엔지니어링의 연계를 강화해 제조업 전체를 고도화시키는 것이다. 이를 통해, 최종 생산은 아웃소싱하고 기술 부문은 수도권으로 집중시키는 '대기업 주도 성장'을 넘어서야 한다. 숙련된 노동에 기반을 둔 소부장 생태계로 일자리를 창출하고 중소기업을 강소기업으로 발전시켜 자체적인 연구개발과 판로 다변화가 준비되었을 때 미래 전략이 적용되었다고 판단할 수 있다.

제조업 4.0 시대의 신산업: 스마트팩토리와 연결성

4차 산업혁명의양대 축으로 사이버 물리 시스템CPS, Cyber Physical System과 사물인터넷이 있다. CPS와 IoT가 결합되어 디지털 시스템이 실제로 기존의 산업을 재편하고 새로운 산업의 기회를 여는 것이 넓은 의미에서 4차 산업혁명이다. 4차 산업혁명 관련 정책과 기술에 대한 담론은 많지만 주목하는 대상은 제각기 다르다. 무언가 '혁명적'으로 보이는 것은 죄다 4차 산업혁명이라고 하는 경향도 있다.

4차 산업혁명의 이해를 돕기 위해서는 독일의 '인더스트리 4.0'을 참조할 수 있다. 독일 정부는 2003년 노동시장 재편을 꾀한 하르츠 개혁에 이어 '전자 매체의 융합을 위한 기술 및 경제 정책에 대한 요구'라는 용역 과제를 발주해 정보통신 기술의 산업적 적용 가능성을 타진하고, 2005~2006년에는 사물·서비스 인터넷 및 스마트팩토리를 연구하기 시작했다. 이후 기술 혁신 정책 자문기구인 '연구연합'과 '독일 기술과학 아카데미(독일 한림원)'를 중심으로 ICT Information & Communication Technology와 제조업의 융합에 대한 연구가 지속적으로 진행됐다. 그 결과 2013년 인더스트리 4.0이 정책적으로 본격 추진되기 시작했다. 정보통신 기술을 기존의 제조업에 어떻게 적용해 새로운 성장 동력을 만드느냐가 인더스트리 4.0의 기본 정신이다. 제조업 가치사슬의 전 과정이 디지털 기술을 통해 서로 간 연결성을 강화하는 것을 의미한다.

앞서 질문한 대로 4차 산업혁명이 '주목하는 대상'을 다시 살펴보

자. 4차 산업혁명은 제조업에 대한 인프라 투자로서 자체적으로 디지털화를 완성하는 대기업보다는 디지털화를 필요로 하는 중소기업을 타깃으로 한다. 독일은 인더스트리 4.0에 이어 '미텔슈탄트(강소기업) 4.0' 프로젝트를 추진하고 있다. 소부장 기업의 디지털화를 꾀하면서 중소기업이 기존에 가진 우위를 확장하는 중이다.

미텔슈탄트 4.0은 '미텔슈탄트와 수공업자들의 디지털화를 위한 문제 해결과 기술적·경제적 지원', '미텔슈탄트와 수공업자들의 경쟁력 강화 및 새로운 사업 모델 창출', '기술과 조직 및 직무 설계를 위한 역량 강화', '공급자와 이용자 간 안전과 신뢰를 바탕으로 네트워킹 활성화', '시범 및 테스트를 통해 미텔슈탄트와 수공업자를 위한 솔루션 개발'이라는 5대 목표를 구체화했다.

인더스트리 4.0의 세부 추진 목표이자 한국 정부도 적극적으로 추진하는 것으로 스마트팩토리가 있다. 기술은 일자리를 대체하는가? 현대자동차식 숙련 절약형 기술 혁신과 자동화는 숙련의 의미를 퇴색시키고 비정규직을 양산할 소지가 많다. 하지만 이는 광범위한 설비 투자로 모든 것이 이미 최적화되어 있는 경우에만 해당한다. 자본 투자가 부족하고 인프라가 제대로 구축되어 있지 않아 주요 공정을 주먹구구로 진행하는 중소기업에게 스마트팩토리는 전혀 다른 의미이다.

저임금 노동자를 활용하던 공장을 디지털 기술을 통해 최적화하면 소위 '3D 노동'으로 여겨지는 노동의 부문이 축소된다. 이는 기술 혁신과 일터 혁신을 가속화하고 지역 출신의 엔지니어나 정보통신 기술을 배우는 생산직 노동자의 자리를 지켜주는 효과가 있다. 산업통상자원부의 정책으로 진행되는 사업인 만큼, 최적화를 통해 달성되는 비용 절감분을 좀 더 고도화된 공정 구축과 연구개발, 그리고 인적자원 개발에 투자하도록 유도하는 제도적 인센티브로 작동할 수도 있다.

인프라 투자, IoT와 CPS를 통한 연결성의 강화는 중소기업의 물류 혁신을 이룩해낼 수 있다. 조선업에서는 대기업조차 물류가 자동화되지 않아 아직도 수작업에 의존한다. 구매 담당 직원이나 생산관리 엔지니어가 엑셀에 수치를 일일이 입력하는 현실이다. ERP가 구축되어 있지만, 센서가 아닌 사람이 일일이 수작업으로 입력해야 하는 것이 현실이다. 엔지니어들의 '페이퍼 워크'를 줄여달라는 요구에는 이러한 수작업도 포함되어 있다.

센서 구축이 제대로 안 된 데는 근로자에 대한 작업 통제를 우려하는 노동조합의 강경한 대응이 한몫했다. 부품과 장비 이동의 자율성보다 직원의 자율성을 우선한 셈이다. 대기업 원청에 다품종 소량을 생산 납품하는 중소기업의 물류 네트워크는 심각하게 낙후돼 있다. RFID(주파수를 이용해 ID를 식별하는 방식) 태그를 활용해 수작업 없이 ERP에 통합하고, 공공 네트워크 이것을 가치사슬 안에서 통합적으로 파악하는 체계를 구축한다면 물류비용 절감을 유도할 수 있다.

애자일agile 방법론도 중소기업의 관점에서 검토해볼 수 있다. 애자일 방법론은 말 그대로 '민첩한', '기민한' 조직을 만드는 것을 말한다. 조직의 사일로를 깨고, 철저한 사전 계획을 단계별로 집행하기보다 시장 환경에 맞춰 민첩하게 대응하기 위함이다. 고객의 반응을 살펴 지속적으로 수정 보완하는, 즉 빠른 '시행착오trial and error'를 통해 목표를 달성하는 방식이다.

대기업의 하청을 받는 많은 중소기업은 사실 철저한 계획에 따라 문제를 해결하기보다 기민하게 원청 고객의 요구에 맞추는 방식에 이미 익숙하다. 달리 말하면 한국의 많은 중소기업은 애자일을 실행하고 있는 셈이다. 그러나 중소기업의 이러한 기민함은 애자일과는 다르다. 중소기업의 기민함은 언제나 수동적일 수밖에 없는 구조에서 기인한다. 게다가 많은 중소기업은 오너의 입김이 세서 상명하복식의 권위적인 문화를 가진 경우가 많다. 때로는 폭력적이기도 하다. 한국노동연구원의 보고서에 따르면 중소기업 근로자들은 관리자와 오너의 폭력적인 언행을 문제로 지적한다. 그런 면에서 스마트 팩토리, IoT, CPS 도입 등의 인프라 투자와 더불어 일터 혁신을 이루어야 노동자의 기본적인 권익이 보장되고 직원들 또한 능동적 태도로 업무에 임할 것이다.

제조업의 미래를 위한 네 가지 전략 제언

결론적으로 기존 산업과 신산업, 제조업과 시장의 관계, 한국의 제조 생태계를 함께 살피며 제조업 미래 전략의 밑그림을 그려보려 한다.

첫째, 원·하청 관계의 재편이 필요하다. 하청 중소기업의 이익률을 제한하고 연구개발로 얻은 성취를 탈취하는 종류의 문제를 법제도로 바로잡는 것은 최소한의 조정이라 볼 수 있다. 좀 더 전향적으로는 대기업에 전속된 하청 중소기업이 새로운 판매처를 찾을 수 있도록 유도하는 것이 정책의 역할이다.

원청회사의 태도를 바꾸는 일도 필요하다. 이 일환으로 주요 대기업 집단과 정부가 함께 추진하고 있는 '상생협력 프로그램'이 있다. 참여정부와 MB정부를 거치며 대기업들은 '동반성장'과 '상생협력'이라는 이름으로 하청업체에 대한 일터 혁신을 지원하는 프로그램을 진행해왔다. 생산성 혁신 파트너십(산업부), 산업 혁신 운동(대한상공회의소) 등이 그러한 예다. 삼성전자 상생협력 프로그램은 내부에서 전문 인력을 선발해 중소기업에 컨설팅을 제공한다. LG전자는 생산성 향상과 프로세스 지원 외에도 자금 지원, 인력 육성, 기술 확보 등을 포함한 5대 분야에서 중소기업을 지원한다. 포스코는 자체 혁신 프로그램인 QSS를 통해 중소기업이 당면한 문제를 해결할 수 있도록 지원하며, 성과공유제와 특허 지원 등의 상생 방안을 실행한다.

2018년 현대자동차그룹의 정의선 부회장은 부품을 공급하는 하청업체들에게 더 이상 현대자동차그룹에 전속될 필요가 없다는 메시지를 전달했다. 중소기업이 벤츠, 폭스바겐, BMW 등 현대차의 경쟁 업체에도 부품을 납품함으로써 경쟁력을 향상시키는 것이 장기적으로 현대자동차그룹에 도움이 된다는 점을 자각한 것이다. 최근 대기업과 경쟁하거나 독자적인 고객을 확보한 독립 기업, 그리고 대기업과 전속계약을 체결해 납품하는 하청기업의 연구개발, 이익률을 비교 분석하는 연구들이 이뤄졌다. 흥미로운 사실은 독립 기업보다 하청기업이 연구개발을 더 많이 하고, 특허 출원 수와 경영 성과에서도 앞선다는 것이었다. 원·하청 구조에서도 선순환 기능을 제대로 끌어내면 제조업의 고도화를 이룰 수 있다는 사실이 증명된 것이다.

둘째, 새로운 지역 발전 전략과 인적자원 개발에 투자해야 한다. 앞서 언급한 대로 제조업 전체가 인력난을 겪는 것은 아니지만 지리적 불균형으로 인해 고급 인력이 수도권에 집중되는 현상이 공고화되고 있다. 반도체를 제외한 대부분의 분야가 생산 공장을 지방에 두고 있으며, 대기업에 비해 지리적 고착화가 심각한 중소기업이 희생양이 되고 있다.

게다가 노동자의 '학습-노동-재진입'의 성공은 기업 규모에 비례하는 패턴을 보인다. 대기업·대도시의 노동자가 이직에서도 훨씬 더 유리한 위치에 있다. 지리적 균형 발전을 추구하며 혁신도시나 행정복합도시에 많은 예산과 자원을 집행하고 있지만, 산업 영역에서 벌어지는 수도권 집중 현상에 대한 해법이 되지는 않는다.

독일의 미텔슈탄트는 철저하게 고용과 재교육에 대해 주정부와의 조정을 거치고 지역의 산-학-연을 연계해 기업의 사회적 활동으로서 지역사회에 기여한다. 반면 한국의 산업도시들은 보조 역할을 할 뿐 최소 행정 단위로서 산-학-연 연계를 조율하는 기능을 하지 못한다.

초광역화 구상은 제조업의 경쟁력과 새로운 미래 산업 전략이라는 차원에서 진지하게 검토되어야 한다. 산업 단지 역시 기초 지자체를 넘어 광역 단위에서 실행되어야 한다. 그 목표는 산업 인력의 배움과 성장을 독려해 산업 생산성과 혁신에 기여하게 만드는 것이다.

셋째, 새로운 일자리 협약이 필요하다. 연공급과 평생고용에 토대를 둔 고용 체제는 이미 붕괴했으며 개별 기업 혹은 산업 별로 상이한 속도로 고용 체제가 변하고 있다. 젊은 엔지니어에게 '가족 같은 회사'란 허상에 가깝다. '계약 관계로서 엔지니어들을 어떻게 산업계의 인재로 키워낼 것인가'가 제조업 고도화에 있어 핵심 질문이다.

이러한 의미에서도 적극적 노동 정책을 보강해야 한다. 정책의 유연성을 높여 다양한 시도와 조치가 가능하게 만들되, 최소 임금 수준을 보장하고 직원 간 연결을 강화해 젊은 세대가 도전에 나설 수 있도록 만드는 것이 무엇보다 중요하다. 기존의 고숙련 노동자와 끊임없는 학습 강박에 놓인 젊은 엔지니어의 상이한 문제를 동시에 해결하는 일은 교육 체제 개편을 넘어 노동시장 개편을 요구한다.

넷째, 새로운 제조업의 가능성에 주목할 필요가 있다. 3D 프린팅이나 CAD로 제품을 제작할 수 있는 '팹랩fab lab(제조 연구실)'이 떠오르고 있다. 팹랩의 메카는 다름 아닌 리버스 엔지니어링을 통해 일본의 정밀 기계를 모방하고 새로운 제품을 만들어냈던 세운상가이다.

소규모 제조 장인들의 노하우와 젊은 엔지니어들의 창의성 및 IT 능력은 혁신의 가능성을 보여준다. 이정동 교수가 《축적의 길》에서 말하듯 혁신은 비단 아이디어와 원천기술 개발, 시제품 제작으로 끝나는 일이 아니다. 스케일을 확대해 대량 생산을 하거나 선박 같은 거대 제작품을 만들 수 있는 공정기술과 자본 투자가 만나야 혁신이 이뤄진다. 제조업 벤처를 IT 벤처처럼 취급해 중소벤처기업부의 정책 패키지로 지원하는 것이 유효한지에 대해서는 근원적인 검토가 필요하다. 오히려 기존의 소부장 중소기업의 축적된 노하우를 새로운 기술이나 제도에 연결해 제조업 생태계를 전환하는 것이 나은 선택일 수 있다. 독립 중소기업 인큐베이팅과 새로운 소부장 기업을 만들어내는 방안을 고민할 때이다.

스마트 의료기기 산업 육성

새로운 제조업의 가능성과 관련해서는 스마트 의료기기 산업에 주목할 필요도 있다. 코로나19 사태가 한국의 우수한 진단키트의 성능을 알린 것은 감염병 재난의 역설적 결과이지만, 이를 첨단 디지털 의료기기 산업을 육성하는 계기로 삼아야 한다. 이미 한국의 우수한 ICT 기술과 제조 능력을 바탕으로 다양한 디지털 헬스케어 기기가 등장하고 있다. 다만, 원격진료 금지와 같은 규제에 묶여 제대로 활용하지 못하는 게 현실이다. 따라서 이번 기회에 스마트 의료기기 성장을 촉진하고 글로벌 시장을 선점해갈 수 있도록 관련 제조업 생태계 조성에도 힘을 모아야 한다.

3 신산업 전략: 욕망의 사업화

■ ■ ■ ■ ■ ■ ■ ■

인간의 미충족 욕망에서 찾는 신산업 전략

요약문

1. 새로운 비즈니스의 탄생은 인간의 미충족 욕망에서 비롯됨. 포춘 500대 기업의 상위 10위와 유니콘 기업의 비즈니스 모델에서도 확인이 가능함.

2. 글로벌 유니콘의 비즈니스 모델을 살펴보면 '플랫폼 연결'에서 '인공지능 맞춤' 서비스를 지나 '커뮤니티화'라는 3C(Communication, Curation, Community)의 '구독 서비스'로 진화 중임.

3. 글로벌 유니콘은 기업의 프로세스를 분해한 다음 고객 중심으로 재융합하고 있음. 이는 기업의 존재 이유를 가치사슬이 아닌 고객 가치에 두고 있다는 뜻임. 미래 기업의 전령사로 유니콘 비즈니스에 주목할 필요가 있음.

4. 미래 산업의 중심은 기업에서 소비자로 이동함. 생산성 극대화를 목표로 하

는 공급 중심의 패러다임은 예측과 맞춤을 목표로 하는 순환의 패러다임으로 전환되고 있음.

5. 이를 감안한 한국의 미래 신산업 전략을 다음과 같이 제시함.

5-1. 카피타이거 전략: 유니콘 비즈니스 모델 연구, 카피타이거 해커톤 개최, 액셀러레이터 네트워크 확산.

5-2. 흥 산업 전략: 한류와 한품 플랫폼화, 팬덤의 어벤저스 융합, 흥 산업 서비스 규제 개혁.

5-3. 탈갈라파고스 규제 전략: 한국 유니콘 클럽 조직화 및 원스톱 규제 창구, 규제 샌드박스 및 테스트베드 적극 활용, 본 글로벌 전략.

4차 산업혁명 시대 미충족 욕망의 구현

우리는 오늘날 불확실성이 높은 시대에 살고 있다. 거대 기업들이 전례 없는 속도와 빈도로 탄생하고 있다. 전통적인 포춘 500대 기업이 시가 총액 10억 달러를 달성하는 데 20년이 걸렸다면 오늘날 대표 기업을 보면 구글은 8년, 페이스북은 5년, 우버는 2년, 심지어 스냅챗은 1년 만에 시가 총액 10억 달러를 돌파했다.

기업의 이익변동성도 크게 높아졌다. 1950년 이후 일정한 수준을 유지했던 기업 이익변동성은 1980년 이후 두 배 이상 확대됐고, 마진율이 높은 기업과 낮은 기업 사이의 간극은 더 넓어졌다. 마틴 리브스에 따르면 시장점유율 1위 업체가 수익성 또한 1위를 기록할 확률은 1950년 34%에서 2007년 7%로 떨어졌다. 비즈니스 환경의 불확실성이 높아짐에 따라 기업 전략의 혁신에 대한 요구가 높아졌다.

불확실성 시대에 기업의 경쟁우위 원천은 무엇인가? 전통 기업의 성공 방정식이었던 기술-제품 전략인가, 아니면 최근 유니콘 기업에서 두드러지게 나타나는 시장-욕망 전략인가?

욕망이란 비즈니스에서는 '고객이 원하는 것'을 지칭하는 단어다. 포춘 500대 기업의 상위 10위 기업과 유니콘 기업의 비즈니스 모델을 살펴보면 비즈니스 모델이 공급자 중심에서 수요자 중심으로 이동하고 있음을 알 수 있다. 이는 불확실한 경영 환경에서 경쟁우위를 차지하기 위한 글로벌 선도 기업의 전략이 변화하고 있음을 보여주는 현상이다.

그렇다면 이러한 현상은 최근에 나타난 것인가, 아니면 이미 과거에도 나타났던 것인가? 이를 확인하기 위해 기술과 욕망의 관점에서 지난 산업혁명을 재해석해보자. 1~2차 산업혁명은 현실 세계에서 제품과 서비스를 통해 생존과 안전의 욕구를 충족한 혁명이었고, 3차 산업혁명은 현실세계의 한계인 시간·공간·인간의 제약을 온라인 가상세계에 연결함으로써 극복한 생산 혁명이었다. 즉, 산업혁명은 인간의 미충족 욕망을 신기술이 충족시켜온, '기술과 욕망의 공진화' 과정이라고 해석할 수 있다.

이러한 관점에서 4차 산업혁명은 가상의 세계에서 이룩한 예측과 맞춤의 가치를 현실화해 개인화된 자기표현 욕망을 충족시키는 생산과 소비의 융합 혁명이 될 것으로 전망한다. 자동화를 통한 공급 확대만으로는 개인화된 욕망의 충족은 불가능하다. 개인화된 욕망을 충족하는 데는 예측과 맞춤이 요구된다. 개별 소비자에게 맞춤 서비스를 제공하는 기술의 등장으로 4차 산업혁명의 문이 열리게 된 것이다.

기술의 융합이 산업혁명을 촉발한다는 오래된 관점으로는 일자리와 산업의 변화를 제대로 해석할 수 없다. 기술이 기존의 산업과 일자리를 파괴하나, 새로운 일자리와 산업을 만들어온 창조적 파괴 과정이 지난 250년 산업혁명의 역사였고 미래 예측의 기반이라고 이해해야 할 것이다.

예측과 맞춤은 제품을 넘어 서비스 차원의 욕망 충족이다. 개인화된 욕망을 시간과 공간에 따라 다르게 충족시키려면 모든 제품은 서비스와 융합해야 한다. 바로 제품·서비스 융합이 일반화되는 것이다. 제품은 이제 한번 출고되고 나면 변경이 어려운 하드웨어가 아니라, 제품 플랫폼으로서 데이터와 결합해 시공간에 따라 다른 서비스를 제공하게 된다. 스마트폰이 대표적인 사례다. 앞으로 모든 가전 기기와 웨어러블 기기들은 챗봇과 결합해 개개인에게 시간과 공간에 합당한 예측과 맞춤 서비스를 제공할 것이다.

자동화 기술의 발전으로 제조의 생산성은 날로 증대하고, 로봇과 인공지능을 활용한 탄력적 생산으로 이제 공급 부족이라는 족쇄가 사라지고 있다. 그리고 산업의 중심은 공급에서 개별 소비자 중심의 맞춤 서비스로 이동하고 있다. 인간의 욕망을 이해해야 하는 인문학의 시대가 다시 열리고 있는 것이다.

미래 기업의 전령사, 유니콘과 기업가의 역할

새로운 비즈니스는 인간의 미충족 욕망을 충족시키는 과정에서 비롯된다. 오늘날의 미충족 욕망을 사업화하는 유니콘 기업들은 새로운 비즈니스 진화 패턴을 보여준다. 이들의 비즈니스 모델을 살펴보면 '연결 서비스'에서 '인공지능 기반 추천 서비스'를 지나 이를 커뮤니티화하는 '구독 서비스'로 진화하고 있음을 알 수 있다.

2019년에 상장된 우버가 대표적이다. 우버는 O2O 플랫폼에서 단순히 승객과 라이더를 연결하는 것에서 시작했다. 이후 빅데이터가 집적됨에 따라 교통량 분산, 시간대별 요금제, 라이더 필터링 매칭 및 평판 관리 등 AI 알고리즘을 적용한 추천 비즈니스로 진화했다. 에어비앤비 역시 호스트와 게스트 연결 비즈니스로 시작해 현재는 세계 어디에서나 특별한 여행 경험을 추천하는 비즈니스로 발전했다.

최근에는 플랫폼의 네트워크 효과를 활용하기 위해 연결과 추천을 토대로 한 맞춤과 예측의 구독 비즈니스가 등장하고 있다. 개인화된 서비스를 실시간으로 쉽고 편하게 그리고 정기적으로 이용하기를 원하는 고객의 미충족 욕구를 충족시키는 것이다. 구독 비즈니스는 새로운 게 아니다. 과거에는 신문 구독이라는 정기 배송 서비스가 있었다. 다만 현대의 구독이 과거의 구독과 다른 점은 고객 경험 데이터를 기반으로 예측과 맞춤의 서비스를 제공한다는 점이다.

이러한 비즈니스가 가능한 배경에는 플랫폼이 있다. 대부분의 유니콘 기업이 플랫폼에서 고객의 경험 데이터를 수집하고 거기에 대응해 맞춤형 서비스를 제공한다. 따라서 데이터를 기반으로 고객을 확보하는 유니콘의 전략은 플랫폼 시각에서 분석해볼 필요가 있다.

그렇다면 구독이란 무엇인가? 구독은 커뮤니케이션과 큐레이션에 기반한 개별 맞춤 서비스를 넘어 커뮤니티를 구성하는 단계의 서비스를 의미한다. 유니콘의 구독 서비스는 신문 구독같이 획일적인 제품과 서비스를 공급하는 것이 아니라 개별 고객에 맞춤 서비스를 제공하는 것이다. 예를 들어 넷플릭스와 유튜브와 스포티파이는 각각 개별 고객의 개인 취향에 따른 맞춤 콘텐츠를 제공한다. 이를 오프라인으로 확대하면 'O2O 구독 서비스'가 구현된다. 개별 고객에게 맞춤 셔츠와 맞춤 음식 재료를 제공하는 서비스로 발전하는 것이다.

구독 서비스가 유니콘의 미래형 모델이 되어야만 하는 이유는 대부분의 유니콘 비즈니스가 플랫폼에 기반을 두기 때문이다. 앞서 살펴보았듯이 플랫폼은 고객의 경험 데이터를 수집해, 개인화된 서비스를 제공하는 것을 가능하게 한다. 또한 구독 비즈니스는 능동적 고객의 시대가 도래했음을 의미한다. 이제 고객은 제품을 소유하고 관리하기보다 맞춤형 경험을 향유할 수 있는 멀티채널과 서비스를 원한다.

대표적인 사례가 구독형 홈 피트니스 시장을 개척한 펠로톤 Peloton이다. 펠로톤은 자전거 운동기구에 운동과 식단 등의 콘텐츠를 송출하여 원격 트레이닝 강의를 하는 유니콘 기업이다. 신규 등록의 96%가 3개월 이상의 구독료를 지불하고 있으며 회원 수는 전세계 30만에 달한다. 스스로 자전거 제조업체가 아닌 미디어 회사를 표방하며 총 1만 개에 달하는 피트니스 수업을 정기 구독 서비스로 만들었다. 기업 가치는 2019년 기준 42억 달러에 달한다.

이렇듯 인간의 미충족 욕망을 찾아 새로운 사업의 기회를 포착하는 것이 기업가의 역할이다. 그렇기 때문에 유니콘 등장의 의미와 비즈니스 사례들을 가볍게 보아서는 안 될 것이다. 혁신은 위험을 동반하지만 그것이 성장의 본질이다. 혁신과 기업가정신은 손바닥의 앞뒤처럼 분리 불가능하다. 기술 혁신을 통한 파괴를 기술 기업가가 담당하고, 기회 포착을 통한 창조를 시장 기업가가 이룬다. 기업가정신으로 창조적 파괴를 이룩하고 기술과 시장의 공진화로 부가가치를 창출하면 사회는 발전한다.

한편 기술 개발과 기회 포착의 최대 저해 요소로 규제의 장벽 그리고 실패에 대한 과도한 징벌 문제가 존재한다. 한국에서 미래 유니콘이 많이 출현하기 위해서는 대형 유니콘 펀드 조성만이 아니라 규제 개혁이 최대 관건이다.

미래 산업 전략 매트릭스: 기술+제도 혁명

산업의 중심이 기업에서 소비자로 이동하고 있다. 이로 인해 대량 생산에서 맞춤 생산으로 산업의 개념이 바뀌고 있다. 아디다스의 스피드 팩토리의 경우, 복잡한 제조 프로세스는 앱과 3D 프린터, 봉제 로봇으로 통합되어 주문 시점으로부터 24시간 내에 배송을 완료하도록 구조를 혁신하고 있다. 이는 생산성 극대화를 목표로 하는 공급 중심의 패러다임이 예측과 맞춤을 목표로 하는 순환의 패러다임으로 전환되고 있음을 알려주는 신호탄이다.

4차 산업혁명의 지능화는 시간의 예측과 공간의 맞춤으로 인간 욕망의 최적화라는 완전히 다른 패러다임에 기반하고 있다. 그렇기 때문에 미래 산업 전략은 4차 산업혁명 트렌드에 맞춰 욕망을 사업화하는 유니콘 비즈니스를 중심으로 기술 혁명과 제도 혁명 양대 관점에서 접근할 필요가 있다.

우선 전체 경제 규모의 5%에 불과했던 온라인 경제가 O2O를 통해 확장돼 2025년이 되면 50%를 차지할 것으로 예측된다. 이를 감안할 때 기술 혁명의 축은 온라인과 오프라인의 융합 영역을 확대하는 것이어야 한다.

미래 신산업 전략

카피타이거 전략

전 세계 유니콘 411개(2018년 기준) 중 100개 이상이 카피캣copycat 모델이다. '흉내를 잘 내는 고양이'라는 뜻에서 유래한 카피캣은 다른 기업의 비즈니스를 모방해 유사한 기능과 서비스를 제공하는 패스트팔로 기업을 지칭한다. 이들은 초창기에는 대부분 우버, 에어비앤비 등 특정 기업의 비즈니스 모델을 그대로 카피했으나, 카피한 비즈니스 모델에 소비자와의 접근성, 배송 방법 등으로 점점 자신만의 특색을 더함으로써 기업 가치를 높이고 있다.

신생 스타트업뿐만 아니라 글로벌 대기업과 유니콘들도 카피캣 대열에 합류하고 있다. 일정 금액을 내면 배달비 없이 음식을 배달해주는 아마존 프라임, 이륜차로 음식을 배달해주는 우버 이츠와 국내의 쿠팡 이츠 등이 그 사례다. 음식 배달뿐만 아니라 차량 공유 서비스에도 대기업들이 진출하고 있다. 대표적으로 GM의 메이븐, BMW의 드라이브 나우, 벤츠의 카투고, 아우디의 아우디앳홈이 있다. 이제 제품을 그대로 베끼는 대신 창조적 모방을 통해 O2O 융합 시장을 확대시키고 있다. 한 예로 우버의 카피캣은 중국의 디디추싱, 싱가포르의 그랩, 미국의 리프트, 인도네시아의 고젝, 인도의 올라캡스, 이스라엘의 겟, 커림의 아랍에미리트, 스페인의 캐비파이, 우리나라의 카카오 T, 타다, 풀러스, 모바이크, 오포, 킥고잉 등 다양하다.

우버의 카피캣 기업 가치의 합은 우버 기업 가치의 두 배를 넘는다. 이와 관련해 세계 최대 카피캣 회사이자 클론 팩토리라고 불리는 독일의 로켓인터넷은 선진국의 성공 벤처 비즈니스 모델을 빠르게 카피해 신흥국 시장에 진출하는 컴퍼니빌더로, 2018년 기준 102개국에 70개 이상의 회사를 설립했다고 밝혔다. 로켓인터넷은 '발견이 이끄는 기획Discovery-Driven Planning'이라는 원칙으로 불확실한 경영 환경에서 사업 계획을 수정 및 재기획하며 아이디어부터 서비스 출시까지 100일 안에 추진한다는 점이 특징이다.

이에 미래 신산업 전략의 일환으로 카피캣 전략을 넘은 카피타이거 전략(유니콘의 사업 모델을 벤치마킹한 후 자신들의 비즈니스 모델을 접목시키는 기업 전략)이 필요하다. 이를 실행하기 위해서는 글로벌 유니콘 비즈니스 모델에 대한 연구와 학습 그리고 이의 확산이 요구된다. 이를테면 유니콘 비즈니스 모델 사례 연구와 해커톤을 통한 유니콘 비즈니스 모델 고도화, 그리고 이의 결과물을 유니콘에 투자하는 액셀러레이터 네트워크 확산 등이 추진되어야 할 것이다.

흥 산업 전략

한국만이 갖고 있고 세계를 선도할 수 있는 분야인 한류는 콘텐츠를 넘어 다양한 파급효과를 내고 있다. 드라마, 음악에서 시작해 게임, 뷰티, 음식 등까지 스펙트럼을 넓히며 전 세계로 확산되고 있다. 한국국제문화교류진흥원의 연구에 따르면 2017년 한류로 인한 문화 콘텐츠 상품 수출액은 38.2억 달러였다. 그 가운데 게임이 23.2억 달러로 가장 규모가 크고, 방송이 5.3억 달러, 음악이 5억 달러 순으로 나타났다. 한류로 인한 소비재 및 관광 수출은 관광이 10.5억 달러로 가장 큰 규모를 차지했고, 이어서 식료품이 8.4억 달러, 화장품이 8억 달러로 뒤를 이었다.

한류에 대한 관심과 한류 콘텐츠 이용은 제품 및 서비스 소비, 소위 '한품韓品'으로 이어진다. 한류 소비의 주요 품목에는 식품, 관광, 화장품이 상위권을 차지하고 있다. 서비스, 경험 분야에서는 소비 의향이 상대적으로 낮은 것으로 분석되었다.

아시아, 미주, 유럽, 중동, 아프리카, 5개 권역별에서 한품 소비 의향은 각각 다르게 나타난다. 하지만 공통적으로 서비스 기반 경험 분야의 소비가 상대적으로 낮다는 사실을 종합해볼 때 한류와 한품을 융합해 높은 부가가치를 창출하는 전략적 자산화 접근이 요구된다. 이를테면 BTS의 팬클럽 아미ARMY 같은 글로벌 팬덤의 한국에 대한 관심이 뷰티, 패션, 게임, 관광 등 다양한 한품의 소비와 경험으로 이어지도록 한류와 한품을 전략적으로 융합시키는 것이다.

이를 흥 산업화하기 위한 실행 전략으로 스마트 트랜스폼의 4단계 모델을 다음과 같이 제시하고자 한다.

첫째는 데이터화 단계로, 한류 콘텐츠와 한품의 다양한 영역에서 산업의 데이터를 개방하고 공유한다. 둘째는 정보화 단계로, 빅데이터 기반의 콘텐츠 융합으로 어벤저스avengers가 탄생된다. 셋째는 지능화 단계로, 사용자의 새로운 니즈를 충족하기 위해 영역 간 매칭과 맞춤형 비즈니스화를 추진한다. 넷째는 스마트화 단계로, 콘텐츠 기반 제품과 서비스의 융합, 한류 콘텐츠의 커머스화, 경험 중심의 한품 확대, 개인화된 한품, 흥興 산업의 전략 자산화 등을 목표로 한다.

다만 한류와 한품, 팬덤의 네트워크 효과가 발생하기까지는 풀어야 할 과제가 많다. 한류와 한품 시장은 폐쇄적 경쟁이 치열한 영역이기 때문에 두 영역의 융합은 현실적으로 쉽지 않다. 그렇기 때문에 흥 산업의 발전 과제는 수익 분배와 거버넌스에 달려 있다. '소비자를 위한' 개방 혁신 생태계 조성이 궁극적인 목적이 되어야 할 것이다.

흥 산업은 여전히 제품 중심의 사고에 머물러 있어 장기적인 플랫폼 전략적 사고로 전환할 필요가 있다. 특히 혜택은 소비자-개발자-플랫포머platformer순으로 분배되어야 하며, 이때 플랫폼의 역할은 융합과 혁신을 촉진해 홍 산업을 다각화하고 소비자에게 다양한 가치와 경험의 기회를 제공하는 것이다. 아울러 한류를 중심으로 한 품과 팬덤이 융합하는 거대 서비스 산업을 육성하는 등 자산화 전략이 요구되며, 홍 산업 분야에서 유니콘의 탄생을 위해 지도 규제, 숙박 규제, 원격의료 규제, 맞춤 서비스를 위한 개인정보 규제 등에 대한 개혁이 요구된다.

현재는 국내 관광 산업이 국내총생산에 기여하는 비중이 2% 이하 수준으로 OECD 회원국 중 최하위권이다. 하지만 한류를 중심으로 뷰티, 게임, 패션, 헬스케어 등이 융합되어 다양한 영역으로 확대된다면 한국의 미래 먹거리 산업으로 자리 잡을 수 있을 것이다.

탈갈라파고스 규제 전략

4차 산업혁명은 기술 혁명이 아니라 제도 혁명이다. 기술로 현실과 가상을 융합하는 것보다 소유 가치와 공유 가치 간의 충돌을 극복하는 것이 더 어렵다. 4차 산업혁명에서 혁신 성장의 주된 영역은 현실세계와 가상세계가 만나는 O2O 영역이다. 전 세계 시가총액 상위 10대 기업을 보면, 10년 전만 해도 전무했던 플랫폼 기업이 무려 70%를 차지하고 있다. 유니콘 기업의 수는 불과 5년 사이에 100배 증가했다. 그런데 이 영역에서 등장한 기업들의 3분의 2는 한국 제도 기준으로는 불법이다. 미국, 일본, 중국에서 일자리가 넘치는 것과 달리 한국에서는 일자리가 감소하는 것은 당연한 결과다.

즉, 혁신 성장의 최우선 과제는 규제를 개선하는 것이다. 현실과 가상의 융합은 데이터를 매개로 이루어진다. 현실의 교통망과 가상의 교통망을 일대일 대응시킨 내비게이션으로 우리는 도착 시간을 예측하고 경로를 최적화한다. 그 결과 교통체증이 감소해 시간과 에너지를 아낄 수 있다. 이러한 스마트 트랜스폼이 상거래, 공장, 교육, 의료, 농업 등 모든 분야에서 이루어지는 현상이 4차 산업혁명이다. 따라서 데이터의 획득·저장·융합·활용 4단계를 옥죄는 규제를 개혁하는 것이 가장 시급하다.

규제 개혁의 방향은 4단계 스마트 트랜스폼(데이터화-정보화-지능화-스마트화)을 촉진하는 데 두어야 할 것이다. 또한 한국 유니콘 기업들의 네트워크를 구축해 해외 진출 시 애로사항과 국내의 제도적 문제점에 관한 의견을 교류하고, 여기서 도출된 규제 이슈를 정부 규제 창구로 연결하는 원스톱 규제 창구를 마련해야 한다. 아울러 규제 샌드박스를 적극적으로 활용하고 해당 지자체에 테스트베드 마련을 요구하는 등 규제 문제 해소에 능동적으로 대응해야 할 것이다. 마지막으로 사전 규제로부터 비교적 자유로운 해외 시장에서 사업을 시작하는 '본born 글로벌 전략(창업 초기 단계부터 해외 시장을 목표로 하는 기업들의 전략)'도 병행할 것을 제안한다.

스마트 진료 제도 정착

특히 규제 해소의 필요성은 이번 코로나19 사태에서 눈길을 끈 원격의료 문제에서도 잘 드러났다. 2000년부터 원격의료에 대한 논의가 시작되었지만, 그동안 시범사업만 진행되고 규제에 꽁꽁 묶여있는 상황이다. 원격의료 허용 관련 의료법 개정안은 10년째 국회에서 표류 중이다. 그러나 코로나19라는 긴박한 재난을 맞아 의사와 환자 간 전화 상담 및 처방이 한시적으로 허용되면서 초기 40여 일간 10만 건 이상의 원격진료가 이뤄지며 효용성을 입증했다.

원격진료 규제는 글로벌 트렌드와도 맞지 않고 이웃한 중국이나 일본과도 대조적이다. 2014년, 2015년 원격의료를 전면 도입한 중국이나 일본은 이번 코로나19 대응 과정에서 이를 크게 활용한 바 있다. 이를 테면 중국은 바이두 등 주요 IT 업체가 공동으로 '신종 코로나 온라인 의사 상담 플랫폼'을 구축해 진료 서비스를 펼쳤고, 일본도 모바일 앱을 통해 의료상담 창구를 운영하고 있다. 이러한 추세는 코로나19 이후에 전개될 언컨택트 흐름과도 맥을 같이한다. 원격진료라는 용어도 스마트 의료라는 개념으로 전환할 필요가 있다, 원격이란 말은 물리적 거리만을 의미한다. 그러나 스마트 의료는 의료인을 위한 데이터 기반의 의사결정 지원 시스템이 될 것이다.

원격진료는 의료 서비스뿐 아니라 산업 측면에서도 큰 성장이 예상되는 분야이다. 글로벌 시장조사기관 스타티스타Statista에 따르면 지난 2015년 이후 세계 원격의료 시장 규모가 연평균 약 15%의 성장률을 기록한 가운데 2021년에는 시장이 410억 달러 규모로 추산되고 있다. 더 이상 원격진료 기술 기업이 국내 규제를 피해 해외로 발길을 돌리게 해서는 안 되는 이유이기도 하다. 갈라파고스 규제로 위기대응 능력, 실시간 의료 서비스, 그리고 글로벌 시장 진출 기회를 놓쳐서는 안 될 것이다.

신산업 인프라 구축과 규제 개혁

요약문

1. 유니콘 기업의 70%와 거대 플랫폼 기업의 70%는 O2O 융합 기업으로서 4차 산업혁명의 양대 상징으로 부상함.

2. 글로벌 유니콘들은 플랫폼, 인공지능 같은 기술을 활용해 개인들의 다양한 수요에 맞춰 이를 비즈니스로 발전시키고 있음.

3. 글로벌 비즈니스는 개별 기업 간의 경쟁에서 생태계 경쟁으로 전환됨. 글로벌 기업 중심의 산업 생태계와 ICT 기업 중심의 혁신 생태계가 구축되어 경쟁하고 있음.

4. 생태계 간의 경쟁으로 비즈니스 패러다임이 변화했으나 아직 국내에서는 공유 및 협력의 문화가 덜 형성되었음. 이에 대기업과 선도적 스타트업을 중심으로 한, 세계적으로 호환되는 플랫폼 구축을 제안함.

5. 플랫폼을 통한 공유, 그리고 인공지능 기반의 예측과 맞춤은 데이터와 클라우드에서 구현이 가능함. 하지만 대한민국은 데이터와 클라우드 관련 규제에 묶여 있음.

6. 예측과 맞춤을 통한 최적화를 달성하기 위해서는 개인정보 활용에 대한 안정성이 확보되어야 함. 이를 위해 식별정보의 자기통제권 부여, 가명정보의 옵트인과 익명정보의 옵트아웃, 재식별화에 대한 가중 징벌을 제시함.

7. 클라우드 활성화를 위해서는 '공공 부문의 클라우드 개방', '기술 중립성의 원칙 준수', '클라우드 퍼스트 원칙'의 3대 개혁안과 함께 클라우드 데이터 규제 개혁을 촉구함.

전 세계 비즈니스의 트렌드, O2O 플랫폼

4차 산업혁명의 근본적인 변화는 O2O에서 시작된다. 유니콘 기업의 70%, 그리고 세계 10대 기업의 70%가 O2O 모델이다. 이는 기업의 전통적인 성공 방식이 변화하고 있음을 의미한다. 무엇이 이러한 변화를 촉발한 것인가?

데이터를 활용해 현실과 가상의 융합이 가능해지면서 O2O 영역에서 다양한 스타트업이 등장하고 있다. 특정 기술 중심의 스타트업보다 일상에서 인간의 미충족 욕망을 찾아내 충족시키는 기업들이 좋은 성과를 내고 있다. 글로벌 스타트업 현황을 분석하는 '스타트업 게놈genome 2019'에 따르면 인공지능과 빅데이터를 활용하는 생명과학 부문에서 창업이 급증하고 있다. 이 기업들은 주로 메트로폴리탄에 위치하고 있다. 국내의 O2O 플랫폼 기업들도 서울의 핵심 지역인 강남구에 창업이 집중돼 있다. 강남구가 차지하는 비율은 2016년 41%에서 2019년 59%로 증가했다.

이러한 현상은 두 가지 사실을 시사한다. 한 가지는 특정 기술을 바탕으로 한 사업보다 다양한 기술을 융합한 비즈니스 모델이 부상하고 있다는 점이다. 이는 플랫폼과 인공지능이 급격히 발전하면서 방대한 개별적 수요를 맞춤형으로 충족할 수 있게 된 결과로 해석된다. 다른 한 가지는 새롭게 창출된 서비스는 수요가 충분한 대도시를 중심으로 혁신 생태계를 발전시킨다는 점이다. 뉴욕, 보스턴, 런던 혹은 국내에서는 강남에 집중적으로 스타트업이 탄생하는 이유가 여기에 있다. 이러한 관점에서 글로벌 비즈니스의 흐름을 분석하고 우리나라에 맞는 전략을 제안하고자 한다.

글로벌 비즈니스의 변화와 한국의 산업 생태계 구축 전략

플랫폼과 인공지능을 활용한 개별 맞춤 서비스의 부상이 글로벌 비즈니스 흐름의 한 측면이라면, 또 다른 측면에서는 기존 산업의 '가치사슬'이 플랫폼을 통해 가치 '네트워크'로 전환되고 있다. 기존 가치사슬에서 기업은 혁신보다 효율에 집중하며 수직 계열화를 통한 원가 절감에 매진했다. 그러나 개방 혁신을 통한 연결 비용의 감소로 공유와 협력이 확산되면서 비즈니스 환경이 글로벌 가치사슬에서 네트워크로 전환되고 있다. 과거에는 한 기업이 연구개발, 생산, 마케팅, 서비스를 전부 했다면 이제는 생태계를 통해 하는 것이다. 예를 들어, 테크숍Techshop이 제품을 개발하면 킥스타터Kick Starter에서 자본을 조달하고 아마존에서 유통이 이루어진다. 이제 기업은 자신의 핵심 역량에만 집중하고 나머지 영역에서는 최적의 파트너를 찾는 것이 유리하다.

이처럼 개별 기업 간 경쟁이 생태계 간의 경쟁으로 바뀌면서 글로벌 기업들은 자신을 중심으로 하는 산업 플랫폼을 구축하고 있다. 지멘스는 PaaS Platform as a Service 유형의 산업용 플랫폼인 마인드스피어MindSphere를 출시했다. 마인드스피어는 전 세계에 공급된 지멘

그림17 구글, 아마존, 알리바바, 텐센트 M&A 내역

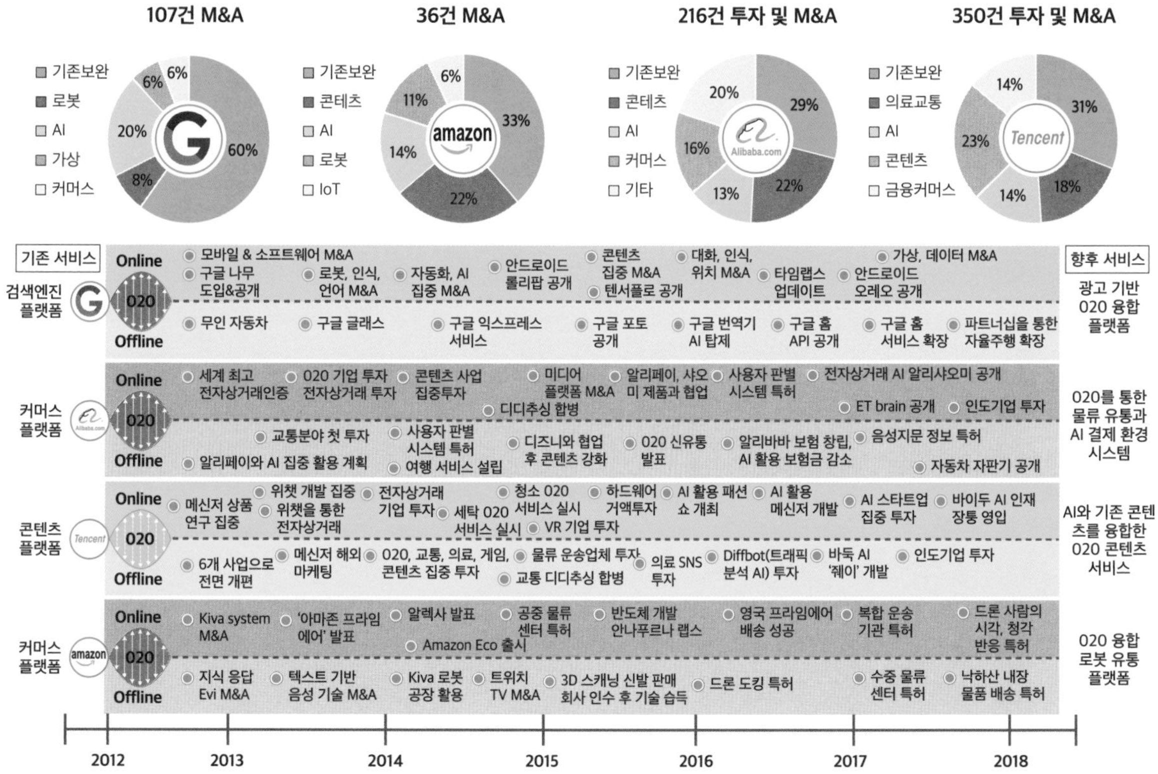

• 자료: KCERN.

스 기기를 인터넷으로 연결해 거기서 생성되는 데이터를 분석함으로써 효율적인 운영을 지원한다. 에너지, 운송, 빌딩 등 다양한 영역에서 산업별 애플리케이션을 제공하고 예지 보전, 데이터 관리, 자산의 최적화 서비스를 제공한다. 지멘스 외에도 보쉬, SAP, 슈나이더일렉트릭, 삼성SDS도 이러한 산업 플랫폼을 구현하고 있어 이들 간의 경쟁은 가속화되고 있다.

전통적 글로벌 기업이 산업 생태계를 구축하는 와중에 ICT 기업들은 인수합병이나 투자를 통해 자신이 중심이 되는 혁신 생태계를 구축하고 있다. 미국의 구글과 아마존, 중국의 알리바바와 텐센트가 대표적인 사례다. 이들은 수많은 스타트업에 대한 투자하여 몸집을 늘리고 있다. 자사의 핵심 역량을 강화하는 동시에 커머스, 콘텐츠, 자율주행, 헬스케어, 스마트시티 등으로 사업 범위를 확장해가면서 일상의 모든 분야에서 경쟁하고 있다.

한국도 이러한 변화에 대응한 생태계 구축 전략이 필요하다. 한국은 개별 기업의 역량은 세계적인 수준에 도달해 있다. 문제는 공유와 협력이 미흡해서 각 기업들이 각개약진을 하고 있다는 점이다.

생태계를 구축할 때 한국형 산업 플랫폼이 아니라 지멘스나 SAP와 상호 호환이 가능한 '오픈 플랫폼' 전략이 필요하다. 플랫폼의 가치는 규모에 의해 결정되기 때문이다. 동시에 이러한 플랫폼이 혁신과 효율을 이루려면 수많은 스타트업의 참여가 필요하다.

산업 플랫폼 구축은 초기부터 완성되는 것이 아니라 오프라인 기업을 개방하는 것에서 시작된다. 따라서 산업 플랫폼은 허브 기업을 중심으로 출발할 필요가 있다. 기존 기업이 산업 플랫폼으로 진출할 때 고려할 다섯 가지 사항은 다음과 같다.

① 기존에 있는 무엇을 개방할 것인가?

② 무엇을 공유할 것인가?

③ 초기 비용을 누가 부담할 것인가?

④ 발생하는 이익을 어떻게 분배할 것인가?

⑤ 신뢰를 어떻게 구축할 것인가?

위 다섯 가지 사항에서 개방과 공유는 플랫포머가 결정할 부분이다. 그리고 플랫폼은 일정 규모 이상이 되면 급속도로 이익이 증가하므로 초기 비용은 플랫포머가 부담하고 이익 분배에서도 소비자 최우선 원칙을 적용해야 한다. 마지막으로 신뢰 구축에는 데이터와 알고리즘을 기반으로 하는 평판 관리 시스템 구축이 필요하다.

인프라 구축의 선결 과제: 규제 개혁

데이터와 규제 개혁

4차 산업혁명 시대 비즈니스 모델의 중심에는 데이터를 통한 현실과 가상의 융합이 있다. 예를 들어 오프라인의 공장, 도시, 병원의 디지털 트윈digital twin을 구현하고 인공지능으로 그것을 현실에서 최적화한 것이 스마트공장, 스마트시티, 스마트헬스다. 이 외에도 금융, 복지, 교육, 이동 등 모든 분야에 동일한 원리가 적용되며 이를 통해 세상은 스마트월드로 나아가는 것이다.

그러나 스마트월드를 구현하는 데는 한 가지 중요한 요건이 필요하다. 바로 데이터이다. 데이터를 수집하고 인공지능으로 그것을 분석함으로써 예측과 맞춤이 가능해진다. 인공지능 발전의 3대 요소는 바로 '알고리즘', '컴퓨팅 파워', '데이터'이다. 그래서 빅데이터가 필요한 것이다.

세계 주요 국가들은 4차 산업혁명을 대비해 데이터 규제 개혁을 하고 있다. 해외 사례를 살펴보면, 미국은 데이터를 하나의 자산으로 바라보고 개인이 데이터의 주체로서 사후 관리하도록 한다. 개인정보 활용에 유연성을 부과하되, 유출과 오남용에 대해서는 강력한 징벌을 가한다. 개인정보 보호에 관한 법률이 한국의 '개인정보보호법'과 유사한 일본의 경우도 2015년 '익명가공정보법'을 신설해 데이터 활용의 길을 열어주었다. 비록 익명가공정보는 사후 동의를 받도록 하지만 재식별화는 엄격히 규제한다. 동시에 개인정보 활용과 대기업 독점 방지를 위해 개인 데이터 이전 권리를 개인에게 주도록 개혁했다. 개인정보에 가장 보수적인 유럽에서도 GDPR General Data Protect Regulation을 통해 익명 처리는 사후 동의하고, 가명 처리를 사전 규제하며, 재식별화는 금지한다. 동시에 개인정보 이동 portable data과 잊혀질 권리 right to be forgotten를 통해 데이터에 관한 개인의 권한을 대폭 강화했다.

반면 한국의 개인정보 관련 규제는 산업의 발전을 가로막아왔다. 세계적 로펌 호건 로벨스Hogan Lovells가 한국의 개인정보 규제는 아시아에서 가장 강도 높은 수준이라고 평가했을 정도다. 하지만, 2018년 발의되었던 일명 데이터 3법(개인정보보호법, 정보통신망 이용 촉진 및 정보보호 등에 관한 법률, 신용정보의 이용 및 보호에 관한 법률) 개정안이 2020년 1월 국회 본회의를 통과하고 시행령 개정을 거쳐 입법 예고되면서 2020년 8월 시행에 들어간다.

이에 따라 그동안 분산되어 있던 개인정보 보호 규제를 일원화하고 가명 처리 과정을 통해 개인 식별이 불가능한 개인정보의 추가적 활용과 제공, 가명정보의 결합이 가능하게 된다. 또 감독기관을 개인정보보호위원회로 일원화하여 전문 기관으로서의 독립성도 강화된다. 이번 개정으로 데이터 활용이 기반이 되는 4차 산업혁명의 추진에 가속도가 붙을 전망이다. 적어도 새로운 산업적 패러다임에 맞춰 제도적 토대는 마련한 셈이다.

다만, 보완할 문제가 있다. 시행령 개정안에서 가명정보의 처리 및 관리의 안전성, 가명정보 결합과 외부 반출 절차 등을 구체화하기는 했지만, 개인정보 유출 가능성을 우려하는 목소리는 여전히 존재한다. 개인정보 보호 기관의 전문성 문제나 개인정보 판매 합법화 우려, 그리고 개인정보 데이터 국외 이전 관련 상세 법령도 더 살펴봐야 한다. 그러나 데이터 경제 시대에서 경쟁력을 갖기 위해서는 데이터를 잘 활용하면서도 개인정보를 보호하는 지혜를 계속 찾아가야 한다.

데이터 기반의 스마트의료 활성화

특히 코로나19 사태는 데이터 기반의 디지털 생태계를 산업 영역을 넘어 일상의 영역으로 크게 확산시키고 있다. 기존의 온라인 기반 데이터 경제의 확대는 물론 규제에 묶여 있거나 변화가 더뎠던 원격의료 서비스, 온라인 교육 등의 분야에서도 언택트 서비스가 증가하고 있다. 이런 측면에서 코로나19의 위기를 기회로 활용하는 지혜를 발휘해야 한다. 가령 세계적인 경쟁력을 자랑한 우리의 진단키트와 같이 의료기기 분야에서도 데이터 활용을 통해 더 지능화된 스마트진료 시스템을 개발할 수 있을 것이다. 따라서 데이터 기반의 신산업이 출범할 수 있도록 공공, 민간, 그리고 전문가와 수용자 모두 머리를 맞대어 데이터 생태계를 조성함으로써 디지털 전환 시스템을 만들어가야 한다.

클라우드와 규제 개혁

클라우드는 단순히 데이터를 저장하는 공간이 아니다. 클라우드는 수많은 미들웨어와 인공지능을 활용하기 위한 인프라로 진화하고 있다. 기업은 개별적으로 CPU, 메모리, 네트워크, 미들웨어 등을 구비할 필요가 없다. 클라우드를 통해 필요한 만큼만 데이터를 사용할 수 있기 때문이다. 또한 클라우드 사업자는 HIPAA와 PCIDSS 같은 글로벌 인증을 획득했으며, 스타트업은 이들을 활용하는 것으로 인증을 대체한다. 넷플릭스, 에어비앤비 같은 데이터 기반 기업뿐만 아니라 GE 같은 대기업도 데이터 센터를 직접 설립하지 않고

AWS Amazon Web Service를 사용하는 이유가 여기에 있다.

IT 장비를 넘어 글로벌 인증까지 공유하게 되면서 기업들은 핵심 역량에만 집중할 수 있게 되었다. 클라우드를 통해 '린 스타트업(가벼운 창업)'과 '데브옵스DevOps(개발과 운영의 융합)'가 가능해진 것이다. 혁신의 원천이 클라우드로 이전되고 있다. 공급자가 아니라 수요자 관점에서 클라우드 정책을 고민할 때이다.

한국은 클라우드 활용에 매우 미흡하다. 시스코에 따르면 세계 인터넷 트래픽에서 클라우드 데이터가 차지하는 비중이 90%를 넘겼으나 한국은 12.9%에 머물고 있다. 대부분의 인공지능 서비스가 클라우드상에서 운영되는 점을 고려할 때, 한국에서 인공지능 발전이 더딘 이유를 보여주는 단적인 예라고 할 수 있다. 세계 최초로 '클라우드 진흥법'까지 만든 한국이 클라우드 활용에서 뒤처진 이유는 무엇일까? 세계 최초의 클라우드법은 공공 클라우드 활용을 촉진한다고 명시하지만, 클라우드 퍼스트를 부정하는 제4조, 기술 중립성을 부정하는 제21조, 공공의 클라우드 활용을 제한하는 제20조가 포함돼 있기 때문이다. 진흥법이 클라우드 활용을 제한하고 있는 것이다.

관련 법안이 통과되면, 클라우드를 통한 공공 데이터 개방을 적극적으로 실현해야 한다. 지금의 물리적 망 분리는 업무 효율성을 떨어뜨리며, USB를 통한 물리적 이동은 오히려 보안에 취약하다는 의견도 있다. 논리적 망 분리를 통해 충분히 보안을 강화할 수 있으므로 데이터 분류상 1급 데이터는 물리적 분리, 2급 데이터는 논리적 분리, 3급 데이터는 민간 클라우드 활용을 제안한다. 미국과 영국은 동일한 방식으로 공공 데이터를 클라우드에 개방하고 있다.

국내 클라우드 시장 규모가 작다는 사실을 고려하더라도 공공 개방을 통한 클라우드 시장 촉진 정책이 필요하다. 클라우드 발전 계획을 보면, IT 예산에서 클라우드의 비중은 40%로 돼 있지만 실제 예산은 1%에 불과하다. 미국의 '클라우드 퍼스트'를 참고해 예산 정책을 설비 중심에서 임대 허용 우선으로 전환할 것을 제안한다. 그리고 스마트공장이나 스마트시티 같은 대형 프로젝트와 클라우드 사업을 연계하고, 공공 데이터의 개방 또한 퍼블릭 클라우드를 활용해 유효 시장을 만들어줄 필요가 있다.

데이터의 종속성과 주권에 대한 오해도 해소되어야 한다. 클라우드 사업자에게는 데이터 활용 권한이 없다. 'FedRAMP'와 'ISO27001' 같은 글로벌 인증을 철저히 받기 때문에 데이터 소유권 침해는 없다고 할 수 있다. 그리고 데이터 종속성 문제는 단일 업체를 활용하는 대신 멀티 클라우드 전략을 통해 보완할 수 있다. 이 과정에서 한국전자통신연구원ETRI의 CBS Cloud Brokerage Service 같은 우리 기술을 활용해 '거인의 어깨'에 올라타는 전략이 필요하다. 한국의 미래 유니콘으로 주목받는 베스핀글로벌 같은 MSP Managed Service Provider 업체들이 클라우드의 새로운 시장을 잘 보여주고 있다.

클라우드는 공급 측면보다 수요의 관점에서 접근할 필요가 있다. 서버가 3차 산업혁명의 기반 시설이었다면, 클라우드는 4차 산업혁명의 기반 시설이다. 전면적인 데이터 규제 개혁과 클라우드 인프라의 확산 없이 대한민국에서 4차 산업혁명은 시작조차 힘들다.

KAIST
FUTURE
WARNING

4부

미래 세대를 위한
혁신 사회적
자본

KAIST
FUTURE
WARNING

1 분산적 신뢰와 자기조직화 거버넌스

. . . .

요약문

1. 현재 대한민국 사회에 놓인 숙제는 혁신과 합의 시스템을 어떻게 조율해 어디로 전환해야 하는가임.

2. 우리는 장기적인 사회적 난제를 해결하는 방법론으로 사회-기술 전환론에 초점을 맞추면서, 복잡하고 장기적인 전환 과정을 효과적으로 관리할 전략으로 전환관리론에 주목함.

3. 사회적 자본 및 신뢰와 밀접한 관련이 있는 거버넌스 시스템은 디지털 전환 시대에 다각적인 진화를 이루어나갈 것임. 이에 가장 큰 동인으로 블록체인 기술이 주목받고 있음.

3-1. 블록체인은 사회적 기술로서 개인 간, 조직 간, 공동체 간 신뢰를 보장하는 시스템임. 사회를 구성하는 개인이 공적 관계를 맺는 방식을 근본적으로 바꿀 수 있는 '제3의 혁명'으로 기대됨.

4. 블록체인은 중앙집중적 지배구조를 대체해 분산적 신뢰의 틀을 재구성함. 이는 권력의 균형을 계층구조에서 분산구조로 이동시켜 거버넌스 구조에 영향을 미침.

5. 미래에 블록체인 기술 기반의 거버넌스는 디지털 전환의 창발성을 통한 문제 해결 기제로서 잠재력이 높은 '자기조직화 거버넌스 2.0' 시대로의 전환을 이룰 것으로 기대됨.

6. 본격적인 융합의 시대에 우리는 산업, 기술 그리고 사회의 혁신 거버넌스 전략을 다각적으로 고찰하고 실행 과제를 도출해야 함.

6-1. 산업의 혁신 거버넌스는 산업을 수평적으로 연계하도록 '계획-실행-평가-개선'의 거버넌스와 재원 분배 방식을 재정립하는 것임.

6-2. 기술 혁신 거버넌스는 '자기조직화 거버넌스' 기반의 수평적인 창발적 과정이 돋보이도록 연구개발 예산 투입과 실행의 방식 그리고 그 결과물에 대한 평가 및 관리 방식을 변화시켜야 함.

6-3. 사회 혁신을 뒷받침하는 법제도적 안전망, 공공·민간 기관들의 '자기조직화 프레임워크'에 기반한 창발적 협력 체계 구축, 디지털 전환과 관련한 교육·훈련 확대, 새로운 일자리 창출 등의 과제를 지속적으로 해결해야 함.

들어가며

우리는 1부 '앞으로 10년 미래 시나리오'에서 희망 시나리오를 통한 미래 대한민국의 모습을 그려보았다. 특히 희망과 관련한 의미망 분석 결과 '계층이동', '공동체', '교육', '사다리', '비전', '사회안전망' 등이 중요한 요소임이 드러났다. 희망적인 미래를 위해서는 경제 성장 및 분배 정책을 사회이동성을 담보하도록 개혁하는 것이 필요하며, 또한 국가 공동체가 국제 지정학에서 구조적 공백을 파악하고 합의를 바탕으로 개혁을 추구해야 하는 것으로 나타났다. 그리고 우리 사회의 미래상으로 '포용적 성장'을 제시하며 가치 창출과 분배가 선순환을 이루는 공유경제를 만들어나갈 것을 제안했다.

2부 '혁신을 떠받치는 3대 사회 시스템'에서는, 다양한 차원의 국제적 대립이 일어나는 경계 지역 한반도의 지정학적 상황을 활용해 구조적 공백을 파고들고 남북협력사업을 추진할 필요가 있다고 주장했다.

혁신 시스템 측면에서는 디지털 전환 시대에 스타트업, 중소기업, 중견기업, 대기업 모두에게 적용되는 질서의 변화를 강조했다. 정부의 과학기술 혁신 시스템이 규제와 통제에서 벗어나 개방과 소통으로 나아가도록 개방형 플랫폼을 마련하고, 단기 성과에서 벗어나 창의적이고 도전적인 연구를 장려하도록 혁신적 연구 성과에 대한 인센티브를 강화할 것을 제안했다.

합의 시스템 측면에서는 혁신을 이루기 위해 타협과 신뢰가 있어야 하며 이는 정치·경제 부문을 개혁하는 데서 시작해야 함을 밝혔다. 구체적으로 선거 제도와 권력 구조의 개편, 실패에 대한 안전망 확보, 이중적 노동시장의 문제 해결에 대한 필요성을 제시했다. 사회적 신뢰가 있어야 대화가 가능하고 그래야 혁신적 전환이 가능하기 때문이다. 또 공동선과 공동부라는 가치를 토대로 혁신·포용·공유 시스템이 안정적으로 작동해야 새로운 경제 패러다임으로 전환할 수 있다는 결론을 도출했다.

3부 '대한민국 산업의 과제 및 전략'에서는 2부에서 다룬 3대 사회 시스템 전환의 맥락 속에서 산업 부문의 과제를 도출하고 전략을 제시했다. 구체적으로 미래 산업 전환의 전략 프레임워크, 투트랙 전략과 스마트 트랜스폼, 욕망의 사업화 시대의 신산업 전략, 인공지능 인프라를 위한 규제 개혁 과제들을 소개했다.

사회-기술 시스템 전환과 전환 관리

대한민국 미래의 위기와 희망을 조망하면서 혁신과 합의 시스템을 어떻게 조율해 어디로 전환할 것인가 하는 것은 현재 대한민국 사회가 풀어야 할 숙제다. 우리는 미래 사회의 방향을 제시하는 방법론으로 '사회-기술 전환론socio-technical transition'의 주요 개념인 '전환', '시스템 전환', '시스템 혁신', '지속가능한 전환'에 주목하고자 한다.

과학기술 분야에서 혁신에 대한 연구는 특정 기술 확산의 성공 요인과 장애 요인을 분석하고 정책 개입 방향을 도출하는 미시적 접근 방식을 취한다. 사회-기술 전환 연구는 거시적 차원에서 사회 기능의 변화를 위한 정책의 역할에 초점을 맞춘다. 특히 사회에 지속적으로 영향을 미치면서 해결하기 어려운 사회적 난제, 이를 테면 산업 구조조정, 실업, 양극화, 자원·환경 문제에 대한 장기적이고 구조적인 접근을 요구한다.

한국 사회가 마주한 문제들이 사회-기술 시스템의 구조적 한계로부터 상당 부분 비롯되었다는 점에서, 이러한 접근 방식은 매우 적절하다. 구체적으로 사회-기술 전환론은 4차 산업혁명 시대의 경제적·사회적 난제를 해결하기 위해서는 사회·기술 시스템이 새로운 기술과 활동 방식, 하부 구조, 시장으로 구성되어야 한다고 주장한다. 현재의 정책과 활동으로는 근원적 문제를 해결하기 어렵기 때문에 20~30년의 장기적 시야를 갖고 비전에 입각한 사회-기술 혁신 추구를 목표로 한다.

사회-기술 전환론에는 '다층적 관점', '전환 관리', '전략적 니치 관리', '기술 혁신 시스템'이라는 네 가지 대표적 이론이 있다. 우리는 복잡하고 장기적인 전환 과정을 효과적으로 관리하기 위해 새로운 거버넌스적 접근 필요성을 인식하는 '전환 관리transition management' 이론에 주목한다.

전환 관리 이론은 개방적·참여적 접근에 근간한 점증주의의 장점과 목표 설정 및 관리에 초점을 둔 장기 기획의 장점을 결합해, 어떻게 전환을 관리·운영할 것인가를 연구한다. 전환 관리의 특징은 사회적 합의에 기초한 '장기 비전 및 목표 설정', 전략-전술-운영적 계층으로 구분되는 '다층적 거버넌스의 통합적 운영', '목표 지향적 조정', '시스템 개선과 혁신의 동시 추구', '전환 실험을 통한 학습' 등이다.

우리는 1부 '앞으로 10년 미래 시나리오'에서 다양한 오피니언 리더의 인터뷰 분석 결과를 바탕으로 4차 산업혁명 시대 산업 전환의 측면에서 우리 사회의 비전 및 목표를 어떻게 설정해야 할 것인지를 제안했다. 2부 '혁신을 떠받치는 3대 사회 시스템'과 3부 '대한민국 산업의 과제 및 전략'에서는 시스템 개선과 혁신의 방향을 제시하면서 전략적 목표와 운영 방법을 도출했다.

이제 구체적으로 전환의 실험이 어떠한 토대 위에 어느 방향으로 지속되어야 할 것인지 제시하고자 한다.

블록체인을 통한 거버넌스 시스템 혁신과 운영

사회적 자본social capital은 사회적 합의와 신뢰를 포괄하는 개념이다. 이는 시민들(행위자들) 간의 신뢰를 촉진함으로써 집합적 행위collective action를 가능하게 하기 때문에 거버넌스 형성에 중요한 요인으로 여겨진다. 사회적 자본과 신뢰는 네트워크, 규범, 신뢰 등과 같이 행위자 간에 발생하는 사회적 상호작용 및 관계에 기초하는 것으로서, 시민들의 협조를 통해 사회 문제를 해결하는 거버넌스와 같은 맥락이라고 볼 수 있다.

사회적 자본은 신뢰를 촉진함으로써 집합적 행위가 일어나도록한다. 이러한 사회적 자본의 형성은 거버넌스가 나타날 수 있는 조건 중 하나다. 정부는 상호 신뢰를 바탕으로 공공 서비스를 제공해야 한다. 그리고 사회적 자본은 공공 서비스의 윤리적 인프라를 형성하고 유지하는 데 직접적인 관련이 있다. 이런 측면에서 사회적 자본 및 신뢰와 거버넌스는 밀접하게 연관돼 있다. 앞에서 강조한 전환 이론에서도 거버넌스에 주목한다.

거버넌스의 사전적 의미는 '통치 방식', '관리 양식', '지배구조' 등이다. 정치·경제·사회 환경이 변하는 상황에서 발생하는 새로운 문제를 관리할 것에 대한 요구governing needs는 점점 거세지지만, 기존 국가 중심 체제의 관리 역량governing capacity은 점점 떨어지고 있다. 이런 상황에서 다양한 사회구성원이 참여와 협력을 통해 새로운 관리 체제를 모색하기 시작했다. 그 과정에서 거버넌스 개념이 등장해 주목을 받고 있다. 국가의 개입이 효과를 낳지 못하고 민주주의적 책임과 투명성 또한 약화되는 상황에서, 새로운 의사결정 단위를 구성하고 관리 체제를 혁신함으로써 제도적 안정성과 정당성을 확보하려는 노력이 거버넌스 체제의 등장을 가져온 것이다.

새로운 거버넌스 시스템은 디지털 전환 시대에 다각적인 진화를 이루어나갈 것이다. 이에 가장 큰 기술적 동인으로 블록체인이 주목받고 있다. 블록체인은 사회 구조, 시스템, 개인 간의 상호작용에 직접적으로 영향을 미친다. 개인과 개인, 조직과 조직, 공동체와 공동체 간의 신뢰를 보장함으로써 사회를 구성하는 개인들이 공적 관계를 맺는 방식을 근본적으로 바꾸는 '제3의 혁명'으로 받아들여진다. 궁극적으로 미래에는 국가가 기존에 보장하던 신뢰 수준을 다수의 익명이 참여하는 블록체인 P2P 네트워크로 대체할 수 있다. 이제 P2P는 '개인-개인'의 네트워크를 넘어 '개인-신뢰 기술-개인'의 구

그림 18 블록체인을 통한 사회적 신뢰 관계의 전환

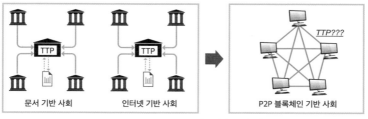

현재 '신뢰 확보 모델'

미래 블록체인 기반
'신뢰 확보 모델'

문서 기반 사회   인터넷 기반 사회   P2P 블록체인 기반 사회

• 자료: 박성준, 허태욱, KAIST 국가미래전략 토론회.

조로서 사회 구성원의 관계 네트워크를 뜻하게 될 것이다.

제2의 인터넷 네트워크 컴퓨팅 시스템이라고 볼 수 있는 블록체인 기술의 가장 큰 특징은 분산성, 투명성, 익명성, 보완성(시스템 안정성)이다. 블록체인은 다수의 독립적 거래 당사자의 컴퓨터에 똑같이 저장되는 '분산 장부 기술'에 기초한다. 분산형 구조이기 때문에 '공인된 제3자TTP. Trusted Third Party' 없이 P2P 거래를 가능하게 한다. 신뢰성을 담보할 중앙집중적 조직이나 제3자가 없기 때문에 수수료 절감 효과도 있다.

블록체인은 화폐처럼 위조나 변조가 돼서는 안 되는 모든 형태의 자산(가치)을 안전하게 저장할 수 있게 한다. 현재의 인터넷이 정보의 망이라면 블록체인은 자산의 망이라고 할 수 있다. 블록체인이 앞으로 가져올 변화는 인터넷이 가져온 변화 이상일 것이다.

블록체인은 금융, 조직, 경제, 사회에 혁명적인 변화를 가져온다.

첫째, 블록체인은 유무형의 자산을 안전하게 저장할 수 있다. 둘째, 저장된 자산은 스마트 계약(디지털 자산을 직접 소유하는 컴퓨터 프로그램으로 자동 처리 기능을 내장한 계약)을 이용해 안전하게 거래된다. 셋째, 나아가 우리가 협업하고 조직화하는 거버넌스의 방식을 완전히 바꿀 수 있다.

블록체인을 통한 '자기조직화 거버넌스 2.0'으로의 전환

'자기조직화' 개념은 체계의 범위 내 구성 요소들이 외부 환경과 끊임없이 작용하며 자발적으로 체계의 조직을 변화시키는 원리다. 자동화 개념을 넘어 발생과 변화의 자생성을 강조한다. 즉, 자기조직화는 환경과 상호작용하면서 스스로의 구조를 바꾸는 시스템의 특성을 의미하는 용어로, 외부의 자극이나 조건에 의한 변화가 아니라 자기결정적self-determinant · 자기적응적self-adaptive 성격을 지닌다.

자기조직화 원리는 집단, 조직, 사회구성원의 성격, 참여 동기, 집단 내 상호작용의 성격, 조직화 방법 등의 특성과 연관된다. 개인들이 수평적 관계에서 서로 영향을 주고받으면서도, 중심축이 없이 분산된 상태로 아래에서부터 조직을 세워가고 새로운 규칙을 만들어 더 높은 단계로 나아가는 특징을 보인다. 현재 정보 처리 · 커뮤니케이션 기술의 발달로 온라인상에서 지식 생산에 대한 장벽이 낮아져, 해당 분야의 전문가뿐 아니라 누구든 지식을 생산하고 공유할 수 있는 토대가 만들어지고 있다. 온라인 기반의 정보 커뮤니케이션 환경에서 자발적인 협업적 공유collaborative sharing가 가능해졌다. 구성원들의 공동 평가에 의해 능력이 평가되고 상황에 맞게 유동적인 질서를 이뤄나가고 있다.

디지털 전환 시대에 블록체인을 채택한 조직은 사람과 기계가 상호작용하는 '인간-기계 네트워크'가 된다. '분산 자율 조직DAO, Decentralized Autonomous Organization' 디자인을 지향함에 따라 조직의 효율성과 자율성이 높아질 것이다. 궁극적으로 조직은 분산원장distributed ledger 기술, 스마트 계약, 연결된 장치들, 그리고 빅데이터를 활용해 완전히 독립적으로 운영된다.

DAO에서는 서로 신뢰 기반이 존재하지 않는 행위자(시민, 공무원 등)들이 블록체인을 통해 신뢰성을 담보하여 상호작용과 창발적 협력 그리고 합의에 의한 의사결정을 이뤄나갈 수 있을 것이다. 이는 다양한 공적·사적 기관들의 '자기조직화 프레임워크'로 운영될 것이다. 오늘날의 조직과 근본적으로 다른 새로운 조직구조를 창출하는 것이다.

궁극적으로 이러한 변화는 권력의 이동을 통한 거버넌스의 변화를 이끌어낸다. DAO에서는 계층구조가 높을수록 더 많은 정보와 권한을 갖는 것이 아니라, 행위자가 보유한 토큰 개수, 신뢰도, 달성한 이익 등을 기반으로 권력과 자원이 배분된다. 블록체인은 중앙집중적 지배구조를 대체하는 분산적 신뢰의 틀을 재구성하며, 이는 권력을 계층구조에서 분산구조로 바꾸어 거버넌스 구조에 영향을 미친다.

　이러한 거버넌스의 변화는 자치 거버넌스로 전환되는 것을 의미한다. 자치 거버넌스는 사회적 행위자 간의 자기조직화 네트워크 능력을 강조하며, 진화생물학에서 말하는 생명의 자기조직화 능력에 빗대어 자기조정 능력이라는 개념으로 차용해 제시한다. 자치 거버넌스는 사회의 자기조직화 네트워크를 사회 행위자 간 상호작용의 결과로서 생성되는 것으로 파악하며, 국정 운영의 관점에서도 사회적 행위자 간 상호작용과 자기조정 능력을 중시한다.

　자치 또는 자기조직화 거버넌스 모형에서는 개별 행위자가 스스로 학습과 성장을 통해 더 큰 사회 조직을 이루어나간다고 해석한다. 여기에서 중요한 것은 개별 행위자의 능력보다 사회 전체적으로 이들 사이에 존재하는 네트워크다. 하지만 이러한 자기조직화 거버넌스 논의에 대한 비판도 많다. 자기조직화 거버넌스를 통한 창발성은 공동체의 적응이라는 특성을 부각시킬 수 있지만 문제 해결에 있어서는 한계를 지닌다는 것이다. 즉, 자기조직화 과정이 문제 해결로 귀결되지 못하는 측면이 크다는 점을 지적한다. 현실에서 공공 문제의 해결을 오로지 창발적인 거버넌스 구조에만 의존하는 것은 무리이며, 이를 위해서는 일정한 구조를 설계해 기존의 제도적·조직적 처방들을 함께 결합해야 한다는 얘기다.

　그러나 블록체인 기반의 자기조직화 거버넌스에서는 디지털 전환의 창발성(공동체적·개인적 행동이 상호작용한 결과로 나타나는 새롭고 지속성 있는 질서 및 현상)을 통해 문제를 해결할 수 있게 되어, 이러한 한계를 충분히 극복하고 '자기조직화 거버넌스 2.0'으로의 전환을 이룰 것으로 기대된다. 자기조직화 거버넌스 2.0이란 기존의 문제 해결 기제로서의 사회적 합리성 또는 최적성optimality으로 연결되지 못하는 한계를 블록체인을 통해 극복하고 정부의 계획·계층제적 통제를 대체하는 새로운 규칙 또는 새로운 사회 문제 해결 양식을 가리킨다.

결론적으로 우리는 블록체인을 활용해 일부 사람들을 위한 대의 민주주의 체계를 다수가 직접 참여하는 거버넌스 체계로 바꿀 수 있으며, 블록체인이 가까운 미래에 시민 다수의 생각이 의사결정에 직접 반영되는 세상을 만드는 데 기반이 될 것이라는 점에 주목한다.

산업·기술·사회의 자기조직화 거버넌스를 위한 전략 및 과제

불가피한 미래는 없다. 기술은 결정의 문제이고 불가피성의 문제가 아니다. (…) 미래는 다양성이 열려 있다. (…) 4차 산업혁명은 불가피성의 문제가 아닌 혁신 거버넌스, 정치적 문제이다.

공유경제에 관한 웹진 〈셰어러블〉의 창립자 닐 고렌플로의 말처럼 우리에게는 많은 미래, 많은 사회가 열려 있다. 4차 산업혁명 시대에 그 키는 혁신 거버넌스에 있다. 우리는 기술 혁신이 산업 혁신과 사회 혁신으로 이어지려면 수용자인 시민과 공동체의 소통, 참여가 전제돼야 한다는 사실에 주목한다. 미래 사회의 산업과 사회 혁신을 어떻게 정의하고, 산업에 어떻게 적용할지에 대한 광범위한 대화가 필요하다. 우리에게 4차 산업혁명만큼 절실한 것은 새로운 거버넌스, 새로운 사회적 대화 전략이다. 이러한 의미에서 사회적 신뢰 기술인 블록체인을 활용한 '자기조직화 거버넌스 2.0'으로 전환할 수 있는 가능성을 강조했다.

4차 산업혁명을 공식적으로 처음 소개한 세계경제포럼의 클라우스 슈밥 회장도 4차 산업혁명 시대에는 기술 및 사회 변화에 따라 거버넌스 또한 변할 것이며, 권력의 원천이 재분배 및 분권화되어 정부가 갖는 정책 결정의 주도권이 축소될 것이라고 예측했다. 그렇기에 정부는 환경 변화에 대한 적응력, 투명성, 효율성 등을 확보해야 한다고 그는 주장했다. 더불어 기업 및 시민사회와 긴밀히 협력해 합리적인 규제책을 마련하는 등 정부 규제 기능의 재정립이 필요함을 설파했다.

본격적인 융합의 시대에 우리는 산업, 기술 그리고 사회의 혁신 거버넌스 전략을 다각적으로 고찰하고 이의 실행 과제를 도출해야 한다. 산업의 혁신 거버넌스는 수직적으로 분할된 전통적 산업 육성 방식에서 벗어나 수평적 연계 방식으로 전환하도록 '계획plan-실행do-평가check-개선act'의 사이클에 맞게 거버넌스와 재원 분배 방식을 재정립해야 할 것이다. 특히 사전적 합리성을 전제로 한 강요적 전략 기획보다는 '질서는 혼돈에서 비롯된다'는 주의의 자기 조직화적 기획이 요구된다.

또한 2부에서 제시한 바와 같이 기술의 혁신 시스템은 학제적 및 개방적 융합 연구(기술 개발에 공학자뿐만 아니라 자연과학·사회과학·문화예술 분야 전문가들이 함께 참여하는 방식)를 더욱 활성화해야 할 것이다. 이를 위해 연구개발 예산 투입 및 실행 방식, 연구개발 결과물에 대한 평가 및 관리 방식을 재정립해 수평적인 창발적 과정이 드러나도록 해야 할 것이다. 이러한 일환으로 연구자들이 스마트 계약을 통해 프로젝트 계좌에서 연구개발비를 스스로 관리하는 블록체인 모델의 적용이 논의되고 있다. 2부 3장 '합의 시스템'에서 도출된 내용과 더불어, 사회 혁신을 뒷받침할 수 있는 법제도적 안전망, 공적·사적 기관의 '자기조직화 프레임워크'에 기반한 창발적 협력 체계 구축, 디지털 전환 관련 교육과 훈련의 확대, 새로운 일자리 창출 등의 과제를 지속적으로 해결해나가야 할 것이다.

이러한 혁신 시스템 속에서 분산적 신뢰를 갖춘 자기조직화 거버넌스를 구축하기 위해서는 행정의 책임성 문제에 대한 깊은 성찰이 요구된다. 이에 대해서는 '신공공서비스론New Public Service'을 참조할 필요가 있다. 즉, 행정인(공무원)은 정책 결정 과정에서 시민과 기업에게 힘을 실어주고, 정부는 공익 실현을 중시하는 '봉사하는 공무원'으로 전환되어야 하며, 개방적인 리더십을 가진 조직 협력 구조를 이뤄야 한다는 것이다. 공공 서비스의 목표는 성과주의(결과, 양적 성장, 가시적 성과가 중요)가 아니라 책임주의(과정, 서비스 가치와 질 보증이 중요)가 되어야 한다.

자기조직화 거버넌스의 실제적인 활성화를 위해 정부 조직은 창조적 파괴를 이뤄야 한다. 예를 들어 수직적 계층구조를 축소하고 책임·분권형 거버넌스 체계를 확립해야 한다. 부서 간 경계를 허물고 필요에 맞게 소규모 팀을 구성하는 애자일 조직화를 이루는 것이 이에 해당한다. 정부 운영 방식도 분업 중심에서 협업 중심으로 전환하고, 빠른 반복과 실험을 할 수 있도록 유연해질 필요가 있다. 이를 통해 활발한 파트너십과 명확하고 책임 있는 역할을 수행해야 할 것이다.

인력 충원과 배치에 있어서도 획일화된 방식을 벗어나 보다 유용한 인사 충원 시스템을 도입하고, 더불어 고위 공무원단 역량 모델을 일반 공무원 채용에 확대해나가야 한다. 또 직업 안정성만을 추구하는 소극적 공무원을 넘어 진취적 역량을 발휘하는 공무원이 될 수 있도록 행정을 활성화해야 할 것이다.

2 공동선을 이루는 혁신과 전환

. . . .

요약문

1. 미래 희망을 담보하기 위한 이 책의 전략과 과제는 장밋빛 미래에 대한 기대감에서가 아니라 지금과 같은 방식을 지속할 경우 '미래 전망은 어두울 것이고 최악의 경우 사회가 몰락할 수도 있다'는 비관적 진단과 경각심에서 비롯된 것임.

2. 한국 사회의 구조 전환, 산업의 고도화를 위한 전략과 과제를 이행하는 과정에서 직면하는 가장 큰 문제는 사회적 합의의 지향점과 모두가 동의하는 사회적 가치가 부재하다는 것임. 공동선 추구를 대안으로서 주목할 필요가 있음.

2-1. 공동선을 추구한다는 것은 개인과 공동체 내의 소수집단과 공동체 전체의 이해를 합리적으로 조정하는 제도를 구축하는 것임.

2-2. 따라서 '자유주의와 공동체주의', '보수와 진보' 등 이념에 따른 이분법적 논의에 휘말려 소모적 논란을 거듭할 것이 아니라, 모두가 동의하는 공동선이 무엇인지 설정하고 이를 효과적으로 실행하기 위한 방안을 모색하는 것이 필요함.

3. 공동선 추구를 위해서는 현재 문제의 본질을 정확히 진단하고, 산업 혁신과 구조 전환의 목적과 수단을 구별하며, 개인이 추구하는 가치와 공동체가 지향하는 가치를 하나로 묶어 이를 관리해나가야 함.

3-1. '미래의 산업' 발전을 '현재 산업의 미래'와 '미래의 산업' 두 가지 관점에서 재정의할 필요가 있음.

3-2. 전통 산업의 스마트화는 '성공 수단'일 뿐만 아니라 다가올 위기에 대한 '예방 전략'임.

4. 산업 전략은 그 자체로 목적이 아니라 수단임. 선진국의 신산업이나 기술을 벤치마킹하는 방식에서 벗어나 신산업 창출을 통해 어떤 가치를 이뤄야 하는지에 대한 논의가 필요함. 그것이 공동선이며, 이 공동선이 전제되어야 서로 다른 이해관계를 절충할 수 있음.

이 책은 기존의 미래 전략서와는 기본적으로 다른 새로운 방식으로 미래 사회와 산업 발전 전략을 모색하고 다양한 제언을 제시한다. 지금까지 우리는 미래를 장밋빛으로 설정하고, 위기를 예측할 때도 그 위기를 극복할 것을 전제로 논의해왔다. 이 책에서도 희망 시나리오를 그리며 전략과 대안을 도출했다. 그러나 이러한 전략을 선택하게 된 출처와 근거는 사뭇 다르다. 우리가 말하는 것은 밝은 미래로 향하는 여정에서 낙관적으로 시도해볼 전략 혹은 위기 극복을 위한 통상적 과제가 아니다. 지금과 같은 방식을 지속할 경우 '우리의 미래는 암담하며, 더 나아가 사회가 몰락할 수도 있다'는 비관적 진단과 경각심에서 비롯되었다는 점에서 기존의 그것과는 다르다.

바로 이런 점 때문에 2부와 3부에서 제시한 시스템 개선 방향 및 전략적 목표와 운영 방법이 기존의 것과 크게 다를 바 없지 않느냐는 의문이 들 수도 있다. 하지만 절박함과 적절성에 있어서는 기존의 논의 결과와는 비교하기 어렵다.

미래 위기 또는 몰락에 대한 경고에 우리 사회가 대오각성해 (1부), 사회이동성을 담보하도록 제도를 개혁하고 지정학의 구조적 공백을 메우며(2부), 스마트 트랜스폼과 욕망의 사업화를 전개할 경우(3부) 위기와 몰락을 모면할 수 있을까?

이 물음에 대한 답은 '그렇다'고 할 수 있다. 왜냐하면 우리가 제기한 미래 전략은 위기와 몰락을 가정한 상태에서 우리가 취하지 않으면 필연적으로 위기에 내몰릴 전략·정책·제도의 개혁을 말하는 것이기 때문이다. 그러나 더욱 중요한 것은 이러한 전략이 계획에 그쳐서는 안 되고 반드시 실행되어야 한다는 점이다. 그리고 전략을 현장에서 실행할 경우 의도대로 잘 작동해 기대효과가 나타나야 한다.

미래 산업 전략이 현실에서 제대로 작동하는지에 대해서는 추가적으로 검토와 고민을 할 필요가 있다. 즉, 혁신과 구조적 전환의 과정에서 어떻게 다양한 사회구성원의 참여와 합의를 얻어내 경제적 성과의 배분 과정에 발생하는 이해상충을 극복할지를 구체적으로 고민할 필요가 있다는 것이다.

미래 산업으로의 성공적 전환과 혁신을 위해

미래 사회를 향한 혁신과 구조 전환을 이행하는 과정에서 우리 사회는 자원 배분을 둘러싼 갈등, 그리고 정부와 민간의 역할에 대한 혼란을 겪기도 했다. 급속한 산업화를 겪는 동안 많은 갈등과 위기가 있었다. 그러나 그 당시에는 '모두가 잘 살아보자', '다음 세대를 위해 현재의 고통과 어려움을 견뎌내 경제 성장을 이루자'라는 구호에서 잘 나타나듯이 사회구성원 모두가 암묵적으로 추구하는 일종의 공동선이 있었다. 1945년 해방과 함께 찾아온 사회적 혼란, 그리고 뒤이은 한국전쟁으로 폐허가 된 상황에서 하루빨리 벗어나고 빈곤을 대물림하지 말자는 사회적인 공감대가 있었던 것이다. 그랬기에 산업화 과정에서의 많은 문제를 극복하고 현재에 이르렀다고 해도 과언이 아니다.

그러나 한편으로는 그 과정에서 불공정한 자원 배분, 과도한 정책, 허술한 법제도 등 불합리와 부조리가 존재했다. 이로부터 혜택을 입은 일부는 기득권 집단이 되었다. 소외된 자, 희생된 자들의 불만은 커져갔다. 제한된 자원을 차지하기 위한 경쟁이 치열해져 사회적 갈등을 증폭시켰다. 그리고 이것이 사회 전체의 발전과 지속가능한 성장에 제동을 걸고 있다.

이 장에서는 산업의 전환 과정에서 이해관계자들 간의 입장 차이로 목표가 지연되거나 좌절될 수 있다는 것을 밝힌다. 동시에 혁신에 직접 참여하는 자뿐만 아니라 그렇지 못한 자까지 포함한 공동체 전체의 가치와 목적, 즉 공동선을 추구해야 함을 이야기한다. 이를 실현하기 위한, 황금률과 같은 상호 호혜적 협력과 선의의 경쟁의 가치를 논의한다.

전통 산업의 스마트화와 신산업과의 공존, 욕망의 사업화 등 기존 산업의 고도화 과정에서 기존 사업자와 신규 진입자 간 갈등이 일어날 때, 각자 입장이 다른 정부·노조·기업 등 다양한 이해관계자 모두가 합의할 수 있는 공동선은 무엇을 의미하는가? 그리고 공동선을 이루기 위한 구체적인 방법과 사회 집단 각각의 역할은 무엇인가? 이 두 가지가 우리가 말하고자 하는 결론에 이르는 핵심 질문이다.

공동선의 추구

미래 산업의 성공적 혁신과 구조 전환에 있어 제도·정책·거버넌스의 변화 및 구축도 필요하지만, 이에 대한 사회적 합의가 없으면 현실적으로 추진이 불가능하다. 그러한 합의의 토대가 되는 것이 바로 공동선이다.

경제 영역에서 공동선이 주목받기 시작한 것은 2008년 세계 금융위기 이후부터다. 시장의 자원 분배 기능이 실패해 소득 양극화가 심해졌고 이는 사회를 둘로 갈라놓았다. 이러한 시장만능주의의 한계를 극복하기 위한 해결책으로, 오랫동안 정치철학에서 논의돼온 공동선 개념을 불러온 것이다.

공동선은 개인의 행복과 살기 좋은 사회를 어떻게 정의하고 이루어나갈 것인가를 다룬다. 개인의 자유와 권리를 보장하는 자유주의, 그리고 개인과 공동체의 유기적 관계 속에서 행복을 찾는 공동체주의의 조화를 강조하는 개념이다.

공동선에 대한 이해가 깊을수록, 공동체 구성원 간의 이해상충 문제를 해소하는 데 정부가 어떤 역할을 해야 하는지에 대한 논의가 가능하다. 현재 공동선에 대한 관점은 이분법적으로 나뉘어 있다. 자유주의냐 공동체주의냐, 보수냐 진보냐에 따라 공동선을 다르게 정의한다. 그렇기 때문에 이를 실현하기 위한 제도, 정책, 운영 방식 등이 모두 다른 곳을 가리키고 서로 다른 주장을 하는 것이다.

모두가 동의하는 공동선을 찾는 것은 그리 간단한 일이 아니다. 공동체의 범위와 목적을 어떻게 정하느냐에 따라 너무나 다양한 공동체가 존재하기 때문이다. 경제 분야 공동체만 해도 산업, 지역, 기업 규모 등 다양한 기준에 따라 서로 다른 공동체가 있다. 한 공동체 내에서도 '기업-노동자', '소비자-생산자'처럼 서로 입장이 반대인 구성원이 공존한다.

이러한 어려움에도 불구하고, 공동선 추구에 실패할 경우 두 가지 문제가 따른다.

첫째, 기존 공동체에서 추진하는 각종 제도와 정책이 해당 공동체의 모든 참여자의 공익에 기여하고 있는지를 제대로 알 수도 평가할 수도 없다. 판단 기준이 불명확하기 때문이다. 둘째, 공동선이라고 포장된 것이 실상은 일부 사람들의 사익이 될 수 있다. 공동 이익을 위한 것이라는 주장의 당부當否와 진위眞僞를 어떻게 판단할 것인가가 문제이다.

공동 목표를 추상적이거나 모호하게 설정하고 목표 달성에 수반되는 재원을 확보하기 위해 경쟁하다보면 소위 '만인에 대한 만인의 투쟁' 상태가 될 것이다. 현재 국내에서 논의되는 다양한 미래 전략의 대부분은 공동선을 위한 것이 아니라 수단과 방법에 관한 것이다. 많은 전략과 정책이 논의되고 있으나 결과나 성과에 대해서는 대체로 회의적이다. 어느 한 공동체가 공동선을 정의할 때 가치 판단은 공동체 내 개인들의 선호, 성장 배경, 지식, 사회적 위치 등을 골고루 반영하게 된다. 그렇기 때문에 공동체가 추구하는 공동선에 대해 개인들은 각자의 가치관이나 배경에 따라 다른 생각을 가질 수밖에 없다.

그러나 공동선을 정의하는 데 있어 개인적 입장보다 모두가 동의할 수 있는 가장 근본적인 목적을 설정한다면 공동선 추구가 아주 불가능한 일은 아니다. 존 롤스가 말한 '무지의 장막 뒤behind the veil of ignorance'에 자리 잡은 우리 자신의 속성과 공동체 내에서의 위치에서 벗어나면 되는 것이다.

공동선을 이루기 위해: 미래 산업 발전 전환의 핵심 과제

성공적인 미래 산업으로의 이행에서 가장 큰 문제는 그 과정에서 이해관계자들을 조정하고 모두가 동의하는 공동선을 설정해야 할 정부의 노력이 부족하다는 점이다. 이에 대해 정부의 전략이 없는 것은 아니지만, 궁극적인 목적보다 사업 추진을 위한 재원 확보에 논의가 집중되어 갈등이 불거지는 것이다. 한마디로 수단이 목적보다 강조되면서 이해관계의 조정이 어려운 상황에 처해 있다. 공동선 추구를 위해서는 현재 문제의 본질을 정확히 진단하고, 산업 혁신과 구조 전환의 목적과 수단을 구별하며, 개인이 추구하는 가치와 공동체가 지향하는 가치를 하나로 묶어 이를 관리해나가야 한다. 구체적으로 설명하면 다음과 같다.

첫째, 산업 발전을 위한 구조 전환이라는 문제를 새롭게 인식해야 한다. 이 문제는 산업 발전의 문제를 장기적 관점에서 다루고 있다. 따라서 이 문제를 우리 사회의 물적 기반이 되는 현재의 '산업의 미래the future of the industry'와 앞으로 다가올 '미래의 산업the industry of the future'으로 구분해 재정의할 필요가 있다. 이 둘은 비슷한 말 같지만 성격상 각각 다른 문제 해결과 접근 방식을 요할 수 있기 때문이다.

전자의 경우 기존 산업이 미래에 어떻게 되어야 하는가에 방점이 있으며 따라서 현재 존재하는 산업에 초점이 맞춰진다. 반면 후자의 경우 미래 환경에는 어떤 산업이 존재하게 되는가가 관심사이다. 지금은 존재하지 않지만 미래를 상상하면서 어떤 산업이 등장할지를 그려보는 것이다. 이렇게 문제를 재정의하고 나면 전통 산업의 스마트화와 욕망의 사업화를 통한 미래 신산업 창출이 주장하는 바가 더욱 선명해진다. 전자는 '산업의 미래'를, 후자는 '미래의 산업'을 말하는 것이다.

만약 전통 산업의 스마트화를 이러한 맥락에서 고려하지 않으면 앞으로 부가가치를 생산하지 못하는 전통 산업은 하루빨리 시장에서 퇴출돼야 한다는 논리가 지배적이게 될 수 있다. 전통 산업의 기업과 근로자들이 스마트화를 통해 더 발전할 수도 있는 가능성이 사라지는 것이다. 또 그로 인해 사회 결집력이 약화되면서 성장이 둔화되고 더 나은 사회를 만들기 위한 기반이 점차 와해될 수 있다는 인식이 확산될 것이다.

둘째, 현재 논의되는 전통 산업의 스마트화를 성공을 이루는 수단으로 보기보다는 전통 산업의 구조를 개혁하지 않을 경우에 다가올 위기를 방지하기 위한 것으로 이해해야 한다. 이러한 관점에서 보면 전통 산업의 스마트화는 산업 기반을 유지시켜 일자리를 보존하고 기업의 장기적 발전을 가능하게 하는 것이다.

전통 산업의 스마트화와 관련한 모든 공동체가 이에 대한 필요를 이해하고 구조조정 같은 문제에 대해서도 합의를 이룰 수 있다면, 전통 산업 내 기업가, 투자가, 근로자 그리고 지역 공동체와 국가 모두가 동의하는 지속 성장이라는 가치를 달성할 수 있다.

산업 발전의 목적을 생각하자

'산업 전략'이란 오랫동안 사회 주요 담론으로 자리 잡아 마치 우리가 당연히 실현해야 할 가치인 것처럼 여겨진다. 하지만 신산업 창출은 그것을 통해 무언가를 이루기 위한 것이다. 즉, 미래 사회의 물적 기반을 이루기 위한 수단이지 신산업 창출 자체가 목적은 아니다. 비즈니스 환경이 지금과 다를 미래에도 우리가 생존할 수 있는 물적 기반을 마련하는 것이 곧 산업 발전 전략이다.

그러나 현재 우리나라의 산업 발전 전략은 과거 산업화 시대의 방식에서 벗어나지 못하고 있다. 과거의 방식이란, 선진국에서 먼저 나타난 산업이나 기술을 보고 유망하다고 판단되는 산업 또는 기술에 연구개발 지원을 집중하는 것을 말한다. 정부가 유망 기술 또는 산업을 선정해 집중 육성하는 방식을 벗어나지 못한 결과 기업들은 울타리 안에서 제한된 자원을 두고 과도한 경쟁에 빠지거나 예산 확보에 주력하게 된다. 그러한 기술과 산업 육성을 통해 우리 사회가 무엇을 달성하려는지에 관한 숙고와 논의는 거의 이뤄지지 않는다.

'산업의 미래'가 '미래의 산업'이 되기 위해서는 재원을 얻는 데만 힘을 쏟기보다 재원을 가지고 무엇을 이루어야 할지 더 많이 고민해야 할 것이다. 그 과정에서 우리 전체 사회가 지향하는 가치가 무엇인지 드러나는데 그것이 곧 공동선이다. 이 가치를 실현해야 한다는 모두의 합의가 있을 때에야 비로소 개인과 공동체의 상충되는 이해관계가 조화를 이루어나갈 수 있다.

또 신산업 창출에 있어 현재 세대보다 미래 세대에 더 중점을 두어야 할 것이다. 우리의 정책은 현 세대의 기득권을 유지하기보다 미래 세대가 세계 무대에서 경쟁력을 갖게 하는 것을 목표로 삼아야 한다. 그때 우리는 옳은 미래 전략을 구상하고 실현 방안을 찾아 제한된 자원을 보다 생산적이고 효율적으로 활용할 수 있을 것이다.

1부. 앞으로 10년 미래 시나리오

• IMF, "Fostering Inclusive Growth", 2017.

• J. S. Armstrong (ed.), *Principles of Forecasting*, Kluwer Academic Publishers, 2001.

• Jim Dator, et al., *Fairness, Globalization and Public Insitutions*, University of Hawaii Press, 2006.

• L. Kim and D. Jang, "Culturing Spontaneous Innovation: Academic Action and Triple-Helix Dynamics in South Korea", *Higher Education Policy*, 2019.

• L. Kim and D. Jang, "Framing 'world class' differently: international and Korean participants' perceptions of the world class university project", *Higher Education* 65(6), 2008.

• L. Kim and J. Ju, "Can Media Forecast Technological Progress?: A Text-Mining Approach to the On-Line Newspaper and Blog's Representation of Prospective Industrial Technologies", *Information Processing & Management*, 56(4): 1506~1525, 2019.

• M. Foucault, *Security, Territory, Population*, Palgrave Macmillan, 2009.

- M. Foucault, *The Birth of Biopolitics*, Palgrave Macmillan, 2008.

- OECD · World Bank, "A policy framework to help guide the G20 in its development of policy options to foster more inclusive growth", 2017.

- R. Burt, "Structural holes and good ideas", *American Journal of Sociology*, 110(2):349 – 399. DOI:10.1086/421787, 2004.

- R. Burt, *Structural holes: The social structure of competition*, Harvard Press, 1992.

- T. Lemke, *Biopolitics: And Advanced Introduction*, New York University Press, 2011.

- Taewook Huh, "Drivers and Ideal Types Towards Energy Transition: Anticipating the Futures Scenarios of OECD Countries", *International Journal of Environmental Research and Public Health*, 16/8: 1441~ 1456, 2019.

- World Economic Forum, "The Inclusive Growth and Development Report", 2017.

- World Economic Forum, "Deep Shift: Technology Tipping Points and Societal Impact", 2015.

- KAIST 문술미래전략대학원 · 미래전략연구센터, 《카이스트 미래전략 2019》, 김영사, 2018년.

- KAIST 문술미래전략대학원 · 미래전략연구센터, 《대한민국 국가미래전략 2018》, 이콘, 2017년.

- 대런 애쓰모글루·제임스 A. 로빈슨,《국가는 왜 실패하는가》, 최완규 역, 장경덕 감수, 시공사, 2012년.
- 염명배,〈4차 산업혁명 시대, 경제 패러다임의 전환과 새로운 경제정책 방향〉,《경제연구》36권 4호, 23~61쪽, 2018년.
- 이민화,〈공유플랫폼 경제로 가는 길〉, KCERN, 2018년.
- 이정동 외,《축적의 시간》, 지식노마드, 2015년.
- 제러미 리프킨,《한계비용 제로 사회》, 안진환 역, 민음사, 2014년.
- 한국직업능력개발원,〈4차 산업혁명에 따른 취약 계층 및 전공별 영향〉, 2017년.

2부. 혁신을 떠받치는 3대 사회 시스템

- E. Brynjölfsson, and A., McAfee, "Thriving in the Automated Economy", *The Futurist*, pp. 27~31, 2016.
- J. Farre-Mensa, D. Hegde, and A. Ljungqvist, "What is a Patent Worth? Evidence from the U.S. Patent Lottery", *NBER*, 2017.
- Lawrence Lessig, *Remix: Making Art and Commerce Thrive in the Hybrid Economy*, Penguin Press, 2008.
- Piketty and Saez, "Inequality in the long run", *Science* Vol. 344, Issue

6186, pp. 838~843, May 2014.

- R. Reider, "Tech Adoption Rates Have Reached Dizzing Heights", *Market Realist*, 2015. 12. 24.
- W. Scheidel, *The Great Leveler: Violence and the History of Inequality from the Stone Age to the Twenty-First Century*(The Princeton Economic History of the Western World), 2017.
- Worldwide Global DataSphere IoT Device and Data Forecast, 2019~2023, IDC.

- IMF, "신흥국 경상수지와 국채 이자율 스프레드".
- KISTEP, "주요 과학기술통계 100선", 2019.
- 〈KMI 동향분석〉 135호, 2019년 8월.
- OECD, "OECD 회원국 GDP 성장률 추이" & "유럽 경제 성장률: 금융위기 이후 추이", OECD, "OECD Economic Surveys Korea 2018" 번역자료.
- Our World in Data, "최고 소득세율 추이".
- World Inequality Database, "상위 1% 국민소득 추이".
- World Inequality Lab, "상위 10% 고학력자와 하위 90% 저학력자 좌파정당 지지율 편파".

- 강남훈, "포용적 경제, 공동선, 공동부, 기본소득", 《기조연설 발표자료》, 2019 대한민국 기본소득 박람회, 수원컨벤션센터, 2019년.
- 고동우, 〈지정학의 귀환에 대한 소고〉, 《2014 정책연구자료》, 국립외교원 외

교안보연구소, 2014년, 1~38쪽.

- 김경준, '가상화폐 본질은 21세기 권력이동', 〈한국경제신문〉, 2018년 1월 11일.

- 김경준, '디지털 시대는 불안정한 유동적 상태, 자전거처럼 계속 움직이며 균형 잡아야', 〈동아비즈니스리뷰〉 238호, 2018년 12월.

- 김경준, '봇인턴 조지 워싱턴을 채용한 NASA', 〈한국경제신문〉, 2018년 5월 3일.

- 김경준, '미래 기업 경쟁력은 AI와의 협업에서 나온다', 〈한국경제신문〉, 2019년 1월 15일.

- 김경준, '빅데이터와 알고리즘은 기업경쟁력의 핵심자산', 〈매경이코노미〉 2000호, 2019년 3월.

- 김경준, '전통기업의 디지털 대전환 향신료社 "맥코믹"서 배워라', 〈매경이코노미〉 2027호, 2019년 9월.

- 김낙년, "한국의 소득집중도: 업데이트, 1933~2016", 《한국의 장기통계》 발간 기념 심포지엄, 낙성대경제연구소, 2018년.

- 김상배, 〈네트워크로 보는 중견국 외교전략: 구조적 공백과 위치권력 이론의 원용〉, 《국제정치논총》 51집 3호, 2011년, 51~77쪽.

- 김유진, "공유경제 트렌드 확산에 따른 산업생태계 변화", 하나금융, 2015년.

- 김택환, 《세계 경제패권전쟁과 한반도의 미래》, 김영사, 2019년.

- 김현수, 《제조업 르네상스를 위한 생산자서비스산업 육성 방안》, 2018년.

- 딜로이트컨설팅, 《경계의 종말, 2020 산업의 새로운 지평》, 원앤원북스, 2016년.

- 딜로이트컨설팅,《격변의 패턴, 4차 산업혁명 시대의 변화》, 원앤원북스, 2017년.

- 딜로이트컨설팅,《일의 미래, 4차 산업혁명 시대를 여는 대담한 제안》, 원앤원북스, 2018년.

- 박상인, '경제패러다임 전환과 한국경제의 미래 정책세미나' 발표자료, 2018년 11월 27일.

- 손승우, "세계 최초 'AI 창작권' 신설해야",〈아시아경제〉, 2019년 9월 11일.

- 이기열·신수용·최나영환·이현주·조진철·유현아·어은주·송정현,〈환동해권 국내기업 진출사례 분석 및 개발 추진전략: 극동 러시아 지역 사례 중심으로〉,《경제·인문사회연구회 협동연구총서》18-60-01, 한국해양수산개발원·국토연구원, 2018년.

- 이민형, 'R&D 혁신, 코리안 패러독스 극복해야',〈아시아경제〉, 2018년 2월 13일.

- 이태수, '국민의 삶을 바꾸는 포용과 혁신의 사회정책' 발표자료, 포용국가 충북토론회, 2019년 1월 28일.

- 임현, '창의성은 기다림으로부터 나온다',〈디지털타임스〉, 2017년 7월 10일.

- '장기불황 늪 빠졌나. 15년째 세계경제 성장률 밑돈 한국',〈이데일리〉, 2018년 7월 18일.

- '전 세계 잇는 부품 공급망의 위기',〈이코노미조선〉329호, 2019년 7월 22일.

- 지상현·콜린 플린트,〈지정학의 재발견과 비판적 재구성: 비판지정학〉,《공간과 사회》31호, 2009년, 160~199쪽.

- 칼 폴라니,《거대한 전환》, 홍기빈 역, 길, 2009년.

- 통계청, 《2017 가계금융복지조사》.

- 특허청, 〈일본 경제보복 극복을 위한 지식재산생태계 혁신 전략〉, 2019년 8월 12일.

- 파쿤도 알바레도·뤼카 샹셀·토마 피케티·이매뉴얼 사에즈·게이브리얼 주크먼, 《세계 불평등 보고서 2018》, 장경덕 역, 글항아리, 2018년.

- '하위 10% 소득 최대폭 감소. 최저-최고층 소득 양극화도 최악', 〈중앙일보〉, 2018년 12월 10일.

- 한종민, '게임체인저형 성장동력 육성 전략', 〈KISTEP Issue Weekly〉, 2018년 4월.

3부. 대한민국 산업의 과제 및 전략

- D. Autor and D. Dorn, "The Growth of Low-Skill Service Jobs and the Polarization of the US Labor Market", *American Economic Review* 103(5), pp. 1553~1597, 2013.

- D. Bailey and P. Leonardi, *Technology Choices*, MIT PRESS, 2015.

- Hogan Lovells, "Data Privacy Regulation Comes of Age in Asia", 2014.

- M. Lee, J. Yun, A. Pyka, D. Won, F. Kodama, G. Schiuma, H. Park, J. Jeon, K. Park, K. Jung, M. Yan, S. Lee, X. Zhao, "How to Respond to the Fourth Industrial Revolution, or the Second Information Technology Revolution? Dynamic New Combinations between Technology, Market, and Society through Open Innovation", *Journal of Open Innovation: Technology, Market and Complexity*, 2018.

- Mark Zachary Taylor, *The Politics of Innovation*, Oxford University Press, 2016.
- Martin Reeves and Mike Deimler, "Adaptability: The New Competitive Advantage", *Harvard Business Review*, 2011.
- Michael Porter, *Competitive Advantages of Nations*, Free Press, New York, 1990.
- OECD, "How can Public Regulation Solve Societal Challenges and Foster Innovation?", A Contribution to the Policy Discussion on Smart Regulation, 2011.
- Rikard H. Eriksson, Martin Henning, Anne Otto, "Industrial and geographical mobility of workers during industry decline: The Swedish and German shipbuilding industries 1970-2000", Geoforum 75, 87~98, 2016.
- World Economic Forum, "The Global Competitiveness Report", 2012.
- World Economic Forum, "The Global Competitiveness Report", 2018.

- KB금융지주경영연구소, 〈공유경제(Sharing Economy)의 확산에 따른 기업의 대응과 최근 주요 논란〉, 《지식비타민》, 2017년.

- KCERN, 〈4차 산업혁명 시대의 글로벌 플랫폼 기능 활성화〉, 2017년.

- KCERN, 〈4차 산업혁명과 규제 패러다임 혁신〉, 2016년.

- KCERN, 〈대한민국의 클라우드 전략〉2018년.

- KCERN, 〈스케일업과 유니콘 전략〉, 2019년.

- KCERN, '유니콘 비즈니스 모델', 제57회 정기포럼, 2019년.

- 강남훈, 《기본소득의 경제학》, 박종철출판사, 2019년.

- 강내희, '공간의 금융화와 서울의 젠트리피케이션: 문화정치경제적 분석', 《IDI도시연구》 제12호, 인천발전연구원, 2018년.

- 강현수 외, 《지역균형발전론의 재구성》, 사회평론, 2013년.

- 과기정통부, 〈2차 클라우드 컴퓨팅 기본계획〉, 2018년.

- 국회 4차 산업혁명 특위, 〈4차 산업혁명 국가로드맵 작성을 위한 정책연구〉, 2017년.

- 금민, '플랫폼 자본주의와 불평등, 기본소득의 효과와 의의', 〈기본소득이 신앙이다〉, NCCK 신학위원회 기획토론회 · 한국기독교교회협의회, 2019년.

- 김선배, 〈4차 산업혁명과 스마트 지역혁신, 지역모형과 추진전략〉, 산업연구원, 2017년.

- 김애선 · 이민화, 〈인간 욕구 관점에서의 4차 산업혁명에 대한 이해와 기업의 혁신 전략〉, 한국전략경영학회, 2017년.

- 김형아, 《박정희의 양날의 선택》, 신명주 역, 일조각, 2005년.

- Jean Tirole, *Economics for the Common Good*, Princeton University Press, 2017.
- Taewook Huh, "Multiple Conjunctural Impact on Digital Social Innovation: Focusing on the OECD Countries", *Sustainability*, 11/9: 4887~4900, 2019.

- KAIST 문술미래전략대학원·미래전략연구센터, 《대한민국 국가미래전략 2018》, 이콘, 2017년.
- KAIST 문술미래전략대학원·미래전략연구센터, 《카이스트 미래전략 2019》, 김영사, 2018년.

- 마이클 샌델, 《정의란 무엇인가》, 김명철 역, 와이즈베리, 2014년.
- 이재호, 〈혁신성장을 위한 정부의 역할 및 거버넌스〉, 경제·인문사회 혁신성장연구단, 2018년.
- 허태욱, 〈미래민주주의: 블록체인 거버넌스와 O2O 직접민주주의〉, 미래도시 서울포럼(3차), 2019년.